_____ 님께

마음에 새겨두면 좋은 글 139

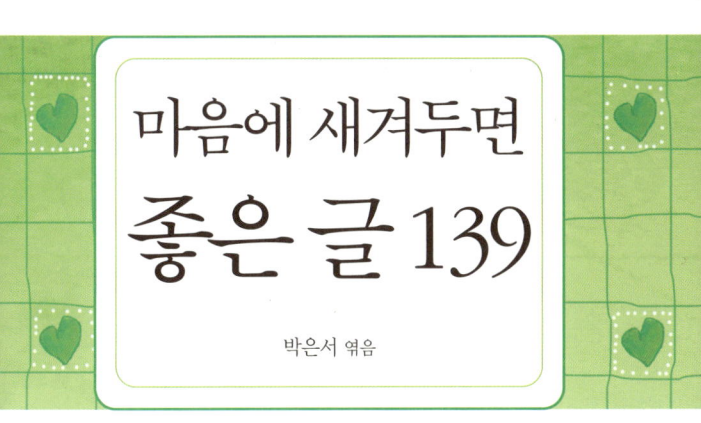

마음에 새겨두면
좋은 글 139

박은서 엮음

새론북스

작은 하나하나의 삶의 현장에서 최선을 다하는 것,
그것만이 우리 삶의 의미를 일깨워주고 우리의 존재를 확인시켜주는 최고의 선이다.

상처 입은 조개가 진주를 만든다 _{김홍식}

　진주조개는 잘못 삼킨 이물질에 소화기관이 상처를 입으면 이물질을 녹여 없애기 위해 강력한 소화액을 분비합니다. 이때 그 이물질이 소화되지 않으면 분비물들이 둥글게 감싸져서 점점 자라 영롱한 진주가 되지요.

　전세계 여성들의 선망의 표적 코코 샤넬의 슬픈 기억을 아십니까? 소녀의 첫사랑을 바쳐 사랑했던 한 남자는 가을 아침의 안개처럼 떠나버리고 홀로 딸아이를 키우던 그녀에게 찾아온 첫 번째 시련은 아이의 병이었습니다.

몽빠르나스 뒷거리 어느 이름 없는 양재점에서 견습생으로 일하던 그녀에게는 아이를 병원에 데려갈 돈이 없었습니다. 곧 죽을 것만 같은 아이를 바라보던 그녀는 일생에 단 한 번 몸을 팔았습니다.

인적이 드문 파리의 밤거리로 나와 지나가는 사내에게 "나를 사세요"라고 구걸했고 자신을 판 돈으로 아기의 목숨을 살렸습니다. 그리고 그 수치와 세상에 대한 분노를 가슴에 안고 '나 기어이 성공하리라'며 하늘에다 맹세하였습니다.

그리고 그녀는 그 노여움의 에너지 위에 자신의 꿈을 쌓아 패션과 향장에서 전세계 톱 클래스의 사업을 일굽니다. 전설의 향수 '샤넬 넘버5', 사라지지 않는 영원한 클래식 패션 '샤넬룩'을 창시함으로써 그녀는 죽어서도 영원히 살아 있는 신화를 일구었습니다.

감미로운 목소리의 주인공, 역사상 가장 빼어났던 샹송 싱어 에디뜨 피아프 역시 이름 없는 목로주점에서 노래하던 시절 바텐더와 사랑에 빠져 아이를 낳습니다. 그리고 버림받아 외롭게 살다가 사경을 헤매는 아이를 살리려 싸락눈 흩날리는 샹젤리제거리에서 하루 저녁 몸을 팔았습니다. 오열이 터져나오는 입술을 악물고서······.

그날 이후 에디뜨 피아프의 목소리에는 깊은 슬픔이 배어버렸고 고뇌와 절망을 뚫고 솟아오르는 영혼의 노래를 부르게 되었답니다. 절절한 아픔이 담겨 있는 그녀의 샹송은 대철학자 샤르트르의 격찬을 얻게 되었고, 듣는 이들의 심혼을 사로잡아 불멸의 성좌에 올랐습니다. 지워지지 않는 영혼의 아픔을 노래한 그녀는 온 세계인들이 사랑하는 여인이 되었습니다.

부에노스아이레스의 빈민가에서 태어났지만 빼어난 미모와 지략을 잘 활용해 환락가의 밤꽃이 되었던, 뮤지컬 '에비타'의 실제 주인공 에바 페론 역시 자신의 영혼 속에 남겨진 상처에서 진주를 만들어냅니다.

"내 비록 가난하여 웃음을 팔고 살지만 세상을 바꿀 만한 포부를 지닌 사내가 아니고는 결코 사랑하지 않으리라"고 다짐하고 있을 때 패기만만한 청년 장교 페론을 만나 사랑에 빠집니다. 그녀는 페론을 부추겨 쿠데타를 일으키게 하여 아르헨티나의 정권을 장악한 다음 아르헨티나의 가난을 몰아내는 데 온 열정을 바치며 일생을 보냅니다.

그리고 때때로 변장한 차림으로 부에노스아이레스의 빈민가를 찾아 그들의 고통이 무엇인가를 직접 살펴 구제해주는 빈민가의 성모 마리아가 됩니다. 그래서 지금도 가난한 아르헨티나의 서민들은 '돈 크라이 포 미 아르헨티나'를 목메어 부르곤 한답니다.

어찌 여성들만이겠습니까! 초등학교도 다니지 못한 링컨의 좌절과 성공은 '진주 만들기'의 한 전형이라 하겠습니다. 두 팔이 없이 태어난 존 포페 청년은 끊임없는 창의력으로 장애를 극복해 위대한 미국인 청년상을 수상했습니다. 루게릭 병으로 전신마비가 된 찰리 위드마이어 역시 자신이 지도하던 가토스고등학교의 축구부를 챔피언으로 이끌어 불굴의 미국인으로 존경받고 있지요. 20세기에서 21세기에 걸쳐 가장 훌륭한 천문학자로 인정받는 스티븐 호킹 박사 또한 루게릭으로 전신마비의 처지에 있습니다.

이처럼 영혼의 상처를 감싸안을 줄 아는 이들만이 진정한 삶의 새 지평을 열어가는 법인가 봅니다.

위에 열거한 이들보다 우리가 불리한 것을 굳이 찾는다면 우리는 아직 우리의 영혼을 기울여 감싸안을 만큼 커다란 상처가 없다는 것뿐이랍니다. 그러나 그 처절한 고통을 누가 희망하겠습니까? 아무도 바라지 않겠지요. 다만 보다 가치 있는 일, 세상을 아름답게 바꾸는 일에 우리의 건강한 몸과 마음을 기울여 열과 성을 다한다면 육체적으로 불편한 이들보다 더 많은 성취가 가능하겠지요. 붓다가 그랬고, 그리스도가 그랬으며, 슈바이처와 마더 테레사가 이룩한 바 있습니다.

드넓은 바다에는 끊임없이 파도가 일고 태풍이 불어오듯 어여쁜 뜻을 지닌 우리들 앞에 시련은 다가오게 마련인가 봅니다. 살아 있는 사람의 뇌파가 끊임없이 상하의 그래프를 그리듯…….

주저앉아 탄식만 하거나 좌절의 눈물만 흘리고 있을 순 없지 않습니까?

나아갑시다, 세상 속으로……. 격렬한 몸짓으로 비상합시다, 우주의 중심을 향해…….

한 그루 나무로 그대 곁에

- 강우혁

비 내리는 봄날엔

가슴속에 나무 한 그루 심고 싶다

슬픔으로 비 내리고

미움으로 바람 부는 일에도

사랑임을 알아 기꺼워하는

무디나 고운

마음 하나 품어두고 싶다

해지는 저녁이면

네 사랑을 말해줘!

그대 그리운 마음으로
뿌리마다 물이 차고
해뜨는 아침이면
그대 보고픈 마음으로
가지마다 여린 잎새 피워내는
한 그루 나무로
그대 곁에 있고 싶다

봄이 깊어 꽃인 듯
나의 뜰에 그대가 만발해도 시간을 졸라
내 모습 꾸미는 일에 욕심 두지 않고
다만 무심한 듯
사랑도 보이지 않는 곳에서 살이 돋아 크는
한 그루 나무로 그대를 사랑하고 싶다

작은 마음 하나가

 취직하기가 하늘의 별 따기처럼 어렵던 미국의 대공황 시절, 고등학교를 졸업한 노라는 아주 어렵게 일자리를 구했습니다. 큰 보석가게의 판매사원으로 고용된 것입니다.
 열심히 일하던 중 그녀가 곧 정식사원으로 고용될 것이라는 소식에 희망이 부풀었을 무렵이었습니다.
 크리스마스를 이틀 앞둔 날, 폐점시간이 다되었을 무렵, 그녀는 지배인으로부터 모양이 다른 여섯 개의 다이아몬드 반지를 방으로 가져오라는 연락을 받았습니다.
 진열장으로 가던 노라는 한 남자를 보았습니다. 한눈에

도 그 남자가 실업자임을 알 수 있었습니다. 남루한 옷차림에 수심 어린 얼굴, 노라는 그런 생각 때문에 그만 다이아몬드 반지를 담다 떨어뜨리고 말았습니다. 여섯 개의 반지들이 땅바닥에 흩어졌고 노라는 황급히 반지들을 주워 담았으나 한 개가 모자랐습니다.

그녀는 순간 눈앞이 캄캄해졌습니다. 정식사원은커녕 어렵게 잡은 일자리에서 해고될 것이 분명했기 때문이었습니다. 순간 그녀의 시선이 앞문 쪽으로 향했습니다. 아까 그 남자가 막 나가려던 참이었습니다. 노라는 직감적으로 그 남자가 반지를 가졌을 것이라 생각하곤 그에게로 뛰어갔습니다.

"저어, 죄송합니다만……."

그녀는 어찌해야 할지 몰라 더듬거렸습니다. '도둑이야!'라고 소리지를 수도 있었지만 그러지 않았습니다.

남자의 얼굴을 보는 순간 그의 얼굴에 밴 실업자 가장의 고통이 가슴으로 느껴졌기 때문이었습니다. 그리고 그 남자가 이 점포에 처음 들어섰을 때는 보석을 훔치기 위해서

가 아니라 좋았던 옛 시절을 기억하기 위해서였을 것이라는 생각이 들었습니다. 그래서 노라는 용기를 내어 조심스럽게 말했습니다.

"저어, 여기가 저의 첫 직장이에요. 요즘은 취직하기가 너무 힘들어요, 그렇지요?"

남자는 노라를 뚫어지게 쳐다보더니 이윽고 미소를 지으며 말했습니다.

"그래요, 정말 그래요. 그러나 아가씬 이 직장에서 일을 매우 잘할 것 같군요."

그는 노라의 손을 잡고 인사를 한 뒤 사라졌습니다.

그가 사라진 뒤 노라가 천천히 손을 폈을 때, 그녀의 손에는 다이아몬드 반지가 반짝거리고 있었습니다.

주면 받는다는 원칙이 있다.
그러므로 남을 저주하면, 나한테 저주가 오는 것이 당연한 귀결이다.
우리는 우리가 원하는 물건에 대해서는
언제나 그 값을 치러야 하는 것처럼,
남에게 영향을 끼쳤다면 반드시 그 대가가 내게 되돌아오고 만다.

에머슨

진정한 사랑

· · ·

　진정한 사랑의 완성을 위한 첫 번째 조건은 자신이 사랑을 받음이 옳고 사랑을 받음이 당연하고 사랑을 받아야 마땅하다고 느낄 수 있을 만큼 자신을 사랑하는 일이다.

그대의 웃는 모습

• • •

언제나 밝게 웃는 그대를 나는 정말 좋아합니다. 무엇이 그대에게 그렇게 기쁨을 가져다주는지 나는 알지 못하지만 그대의 웃는 모습이 참 좋습니다.

그런 나에게 알 수 없는 이야기들이 들려왔습니다. 그대 지금 많이 힘들어한다고……. 언제나 밝게 웃는 그대가 힘들어한다니? 그 괴로움을 보이지 않기 위해 예전보다 더 밝게 웃어보였는지도 모르겠습니다.

그대 힘들 때 웃음을 잠시 잊고 내게 와 힘들다고 투정 부려준다면, 그대가 힘들 때 내가 힘이 될 수 있게 조금더 마음의 문을 열어준다면…….

함께 있으면 마음이 편안해지는 사람

어느 누구의 삶에서나 마찬가지지만 상승기류를 탈 때가 있으면 하강기류를 탈 때도 있습니다. 인생이란 그 물결의 반복이라고 해도 과언이 아니지요.

커다란 물결이 반복되는 사람, 작은 물결이 반복되는 사람, 큰 물결과 작은 물결이 번갈아 반복되는 사람, 사람에 따라서 물결의 크기도 다르고 하강기류가 좀처럼 그치지 않을 때도 있습니다.

세심하게 살펴보면 일주일 단위로 혹은 하루 안에도 그런 물결은 있을 수 있습니다. 하지만 안타깝게도 하강기류를 100% 피한다는 것은 있을 수 없는 일이지요.

그렇다면 불행한 때일수록 웃음이라는 치료약을 사용해보세요. 자신을 객관적으로 바라보고 재미있는 부분에서는 마음껏 웃어보는 겁니다.

작은 물결에 휩싸여 '살려줘!'라며 사지를 버둥거리고 있는 자신, 미간에 주름을 잡고서 한숨만 쉬고 있는 자신의 얼굴, 언제나 무엇인가에 쫓겨서 여기저기 뛰어다니고 있는 자신의 모습을 한 발 물러서서 바라본다면 어떻게 보일까요?

마음을 해방시키는 방법에는 여러 가지가 있지만 이 원시적 감정을 소중히 여기는 방법이야말로 가장 손쉽고 효율적인 방법이라고 생각합니다. 가능한 한 감정을 솔직하게 표현하는 것이 무리하지 않고 자신을 드러낼 수 있는 방법의 기본입니다.

이렇게 자신의 감정을 있는 그대로 흘려버린다면 다른 사람에게도 관대해져서 상대의 감정도 더욱더 깊이 이해할 수 있게 됩니다. 그렇게 되면 당신은 함께 있으면 '마음이 편안해지는 사람'이 될 수 있습니다.

좀더 적극적으로 웃음을 원한다면 웃음을 선사할 누군가를 만나러 가는 것도 하나의 방법입니다. 웃음이란 전염되는 것입니다. 유머가 있는 친구와 만나 이야기를 하면 자연스레 이쪽도 얼굴이 펴지고 웃음을 짓게 됩니다. 잠시 함께 있는 것만으로도 우울한 기분은 금세 어디론가 사라져버릴 것입니다.

웃음을 뿌리는 친구는 소중한 재산이며 당신의 건강 유지를 위해서도 한몫을 할 것입니다. 만약, '나는 괴로워하고 있는데 저런 농담이나 즐기다니!'라며 화를 낸다거나, '지금은 함께 웃을 기분이 아니야'라며 오히려 기분이 나빠진다면 잠시 걸음을 멈추고 웃음의 효용에 대해서 생각해보십시오. 웃으면 웃을수록 몸 세포의 움직임이 활발해지기 때문에 '화를 내는 것보다 웃는 게 득'이라는 생각이 들 것입니다.

웃음이라는 천연의 약이라면 언제라도, 누구라도 처방 가능합니다.

작은 일에 감사하며 그것을 말로 표현하는 것은 가정에 웃음꽃이 피어나게 하는, 그리고 보다 원만한 인간관계를 구축하기 위한 기본입니다.

그런데도 우리들은 칭찬과 더불어 감사의 마음을 전하는 것에 그리 능숙하지 못합니다. 아주 감사하고 있으면서도 막상 말로 표현하려고 하면 쑥스러워져서 마음속으로만 '고맙다'라고 말하는 경우가 많습니다. 하지만 이심전심으로 감사의 마음이 전달되었다고 말할 수 없습니다.

젊은이들은 서양사람처럼 노골적으로 애정표현을 하기도 하는데 감사의 마음도 이처럼 표현하는 것이 좋습니다. 그럼으로써 인간관계가 편안해지고 원만해질 테니까요.

때로는 커다란 소리로 고맙다고 소중한 사람에게 전해 보세요. 그리고 칭찬을 받으면 솔직하게 고맙다고 대답하시고요. 타인에게 감사의 마음을 순수하게 표현하는 당신을 함께 있으면 마음이 편안해지는 사람이라고 생각할 것입니다.

이처럼 함께 있으면 마음이 편안해지는 사람이 된다는 것은 그다지 어려운 일이 아닙니다. 사소한 한마디의 말, 행동에 신경 쓰는 것만으로도 충분합니다.

사랑이 깨지는 것보다 더 두려운 것은
사랑이 변하는 것이다.

니체

타인의 아름다움

– 메리 해스켈

타인에게서 가장 좋은 점을 찾아내어

그에게 이야기해주십시오.

우리들은 누구에게나 그것이 필요합니다.

우리는 타인의 칭찬 속에서 자라왔습니다.

그리고, 그것이 우리를 더욱 겸손하게 만들었습니다.

그 칭찬으로 하여,

사람은 더욱 칭찬받을 만해지려고 노력하는 것입니다.

진실한 의식을 갖춘 영혼은

자신보다 훨씬 뛰어난 무엇을 발견해낼 줄 압니다.

칭찬이란 이해입니다.

근본적으로 우리는 누구나 위대하고 훌륭합니다.

누군가를 아무리 칭찬한다 해도 지나침은 없습니다.

타인 속에 있는

위대함과 아름다움을 발견하는 눈을 기르십시오.

그리고,

찾아내는 대로

그에게 이야기해줄 수 있는 힘을 기르십시오.

사랑이 있는 풍경 생텍쥐페리

　사랑이 있는 풍경은 언제나 아름답다. 하지만 아름다운 사랑이라고 해서 언제나 행복하기만 한 것은 아니다. 그 사랑이 눈부실 정도로 아름다운 만큼 가슴 시릴 정도로 슬픈 것일 수도 있다. 사랑은 행복과 슬픔이라는 두 가지의 얼굴을 하고 있는 것이다.

　그러나 행복과 슬픔이 서로 다른 것은 아니다. 때로는 너무나 행복해서 저절로 눈물이 흐를 때도 있고 때로는 슬픔 속에서 행복에 잠기는 순간도 있다.

　행복한 사랑과 슬픈 사랑……. 참으로 대조적인 것처럼

보이지만 그 둘이 하나일 수 있다는 것은 오직 사랑만이 가질 수 있는 기적이다.

행복하지만 슬픈 사랑, 혹은 슬프지만 행복한 사랑이 만들어가는 풍경은 너무나 아름답다. 그렇기 때문에 우리는 서로 사랑하면서 잠을 이루지 못하는 불면의 밤을 보내는 것이다.

사랑이란 내가 베푸는 만큼 돌려받는 것이다. 깊은 사랑을 받을 수 있는 유일한 방법은 내가 가진 모든 것을 기꺼이 바치는 일이다. 내가 가지고 있는 모든 것을 다 내주었지만 그 대가로 아무것도 되돌려받지 못한 경우도 있다. 그렇다고 사랑을 원망하거나 후회할 수는 없지 않은가.

진정한 사랑은 대가를 바라지 않는다. 나는 사랑으로 완성되고 사랑은 나로 인해 완성된다.

고백

...

　우리는 자신의 고통을 고백하는 단순한 행위를 통해 해결방법을 발견하고 상처를 치유한다. 더이상 필요한 것은 아무것도 없다.

　우리들은 상대가 이 점을 이해하길 바란다. 그리고 상대도 우리들에게서 똑같은 이해를 필요로 한다.

　이런 이해를 서로 상대에게 제공할 수 있다면 서로 간의 유대는 더욱 강하고 공고해진다.

만일 우리들이

• • •

만일 우리들이 스스로를 사랑하지 않는다면 나를 사랑하고 있다는 타인의 고백을 완전히 신뢰하지 못할 것이다. 따라서 사랑을 받아들이기란 거의 불가능한 일이 되고 만다.

상대가 나를 사랑하고 있음을 보여주기 위해 무엇이든지 할 때, 우리 스스로가 자신을 사랑스럽다고 느끼지 못하기 때문에 그런 헌신의 진실성을 믿지 못하는 것이다.

인연설을 읽다가 김윤덕

함께 영원히 있을 수 없음을 슬퍼 말고

잠시라도 같이 있을 수 없음을 노여워 말고

이만큼 좋아해주는 것에 만족하고

나만 애태운다고 원망 말고

애처롭기까지 한 사랑할 수 없음을 감사하고

주기만 하는 사랑이라 지치지 말고

더 많이 줄 수 없음을 아파하고

남과 함께 즐거워한다고 질투하지 말고

그의 기쁨이라 여겨 함께 기뻐할 줄 알고

이룰 수 없는 사랑이라 일찍 포기하지 말고
깨끗한 사랑으로 오래 간직할 수 있는
나는 당신을 그렇게 사랑하렵니다.

- 〈인연설〉 한용운

휙, 하고 돌아보니 벌써 구월이었다.

구월이란 달은 삶의 구릉을 몇 번씩이나 넘어온 사람들에겐 수확의 시간에 앞서 뭔가 쫓기는 느낌이 있다. 뭔가 가슴 한쪽에 아릿한 아픔이 전해지는 느낌이 있다. 가을을 알려주며 뭔가 수확이 있어야 하는 계절임을 일깨워주며 한해를 다시 여미고 마무리해야 하는 때가 시작되었음을 알려주곤 하니까.

달력의 날짜들을 일일이 눈끝으로 헤어보자니 다가오는 비릿한 연민이 인다.

문득 그런 생각을 해보았다.

사람이 한생을 살다 가면서 과연 몇 사람이나 만나고 살까 하는.

물론 사람에 따라 다를 것이다.

군대에서 높은 지위에 있었던 사람이거나 대기업의 회장으로 있었던 사람들은 일반인들보다 훨씬 많은 사람들을 만날 것이다.

그러나 그런 것이 아니라, 진실로 자신과 인연의 끈이 닿았던 사람들을 헤아리면 그리 크게 차이나지는 않을 것이다.

마음과 감정의 교류들을 나누었던 사람들이라면, 무인도나 인적 없는 곳에 살던 사람들이 아니라면, 생각해보니 별 차이가 없지 싶었다.

그리고 그런 한생의 인연들 속에 우린 만났다 헤어지고, 묶였다 풀어지고 되감기고, 흔들렸다 잠잠하다가 걷잡을 수 없이 요동치고, 늘 예정된 윤회 속에 약속된 기쁨과 아픔들을 반복하며 살다 가게 된다.

돌아보니 백억이 넘는 수많은 인구들 중에, 작은 집단 작은 지역 속에서 만난 기막힌 사람들이었다. 수백만 년을 거친 수많은 시간들 속에, 작은 한 점 공유해 함께 살다 가고자 만난 기막힌 기적들이었다.

살다보면 오해도 있고 여러 가지 얽힘과 서운함이 만남 속에 존재하기 마련이다. 그리고 때론 서운함 때문에 십 년 이십 년을 사귄 사람과 다투고 단절하여 다신 아니 보고 살아가기도 한다.

우린 새로운 인연 만들기를 좋아한다.

새로운 상대를 만나는 것도 좋겠지만 실은 그것에 앞서 자신의 실수와 타인에게 드러난 자신의 모습 등을 감추고 새로이 만나고 싶은 욕심이 더 큰 것이다.

그러나 해 아래 무슨 새것이 있으랴. 새것 새 만남은 금방 다시 헌것이 되는 법인 것을. 단지 잠시 망각하게 해주는 순간 마취주사 같은 것이다.

문득 이런 생각을 해보았다.

산다는 것은 새로 인연을 맺는 즐거움에서보다 묶인 인연의 매듭을 풀어가는 데, 재미를 붙여가는 데 참 즐거움이 있는 것이라는······.

 놀라운 축복과 기적에 감사하며 서운함보다는 고마움을 기억하고 아쉬움보다는 만남을 누리면서, 그렇게 그렇게 풀어가는 그런 세상살이를 꾸려간다면 우리네 삶은 그리 힘들고 곤고한 것만은 아닐 것이다.

화를 내는 연인은
자기 자신에게 많은 거짓말을 하는 것이다.

퍼블릴리우스 시러스

친구에게

- 롱펠로우

하루는 또 저물고,
어둠은 또 밤의 날개를 타고 내리는데,
마음의 등불들은, 비와 안개를 헤치고 밝아오누나.
이 슬픔과 이 괴로움은 어인 것인가.

나에게 어떤 노래를 들려다오, 친구여
이 자리를 잡지 못해서 방황하는 영혼을 잠재워주고,
하루의 악몽을 몰아낼 수 있는 소박한 노래를 불러다오.
결코 시대의 위대한 시인이나,
거룩한 이름을 남긴 대가들의 노래들만은

들려주지는 말아다오.
왜냐면 이런 대가들의 위대한 업적들은
마치 군대의 행진곡처럼
인생의 끊임없는 노력과 피나는 고통을
상기시켜주기 때문이라네.

오늘밤 내가 필요로 하는 것은 소박한 휴식
나에게 들려다오, 좀더 소박한 노래를.
여름의 구름 사이에서 소나기가 내리고
눈에서 눈물이 솟듯이,
자연스럽게 마음속에서 솟아나온 그런 소박한 노래
이런 노래는, 나와 같이 근심 걱정이 많은 사람들의
잠 안 오는 밤을 쓰다듬어
잠들게 하여주는 힘이 있다네.
기도를 올린 후 찾아오는 하느님의 은총과도 같이.

사랑의 기술 에리히 프롬

 본래 사랑이란 특별한 한 사람과의 관계를 말하는 것이 아니다. 사랑이란 태도이며 인격에 대한 지향이다. 사랑은 한 사람이 세계를 전체로 받아들이는 데 결정적인 역할을 하는 상관성이므로 단 한 사람만의 '대상'을 위한 것이 사랑은 아니다. 오직 한 사람만을 사랑하여 다른 나머지 사람들에게 무관심하다면 그것은 사랑이 아니라, 종류가 다른 동물이 한곳에 모여 사는 것과 같은 애착이거나 확대된 이기주의에 지나지 않는다.
 아직도 많은 사람들은 사랑은 능력이 아니라 대상에 의

해서 성립된다고 믿는다. 왜냐하면 사랑은 활동이며, 영혼의 힘이라는 것을 깨닫지 못하고 오직 필요한 것은 자기에게 맞는 적절한 대상을 찾는 것이며, 그후에는 저절로 사랑이 이루어진다고 믿고 있기 때문이다. 이러한 태도는 그림을 그리고 싶어하면서도 기술은 배우지 않고 적절한 대상만 찾아내면 아름다운 걸작을 그릴 수 있다고 주장하는 사람에 비유될 수 있다.

만약 내가 진정으로 한 사람을 사랑한다면 나는 모든 사람을 사랑하고, 세계를 사랑하고, 사람을 사랑하게 된다. 만약 내가 누군가에게 '당신을 사랑합니다'라고 이야기할 수 있다면 '나는 당신을 통해 모든 사람을 사랑하며, 세계를 사랑하며 내 인생을 사랑합니다'라고 말할 수 있어야 한다.

남녀 간의 사랑

어떤 이들은 남녀 간의 사랑을 '너무 편협하고 이기적인 것'으로 여기고 개인적인 정열과 흥분은 '사회적으로 중요하지 않은 것'으로 치부해버리며 어떤 위대한 신념이랄까 신조, 사상, 운동 같은 것에서 개인의 주체와 자아의식을 완성해줄 새로운 원천을 찾아내려 한다. 이는 단 한 명의 인간도 사랑하지 않으면서 인류를 사랑한다고 외치고 있는 것과 같다.

사랑의 관계

• • •

　사랑의 관계를 원한다면 우리는 상대에게 분노를 표현할 수 있는 자유를 주어야 한다. 이야기에 귀를 기울여주고 말을 가로막지 말고 싸울 준비가 아닌 받아들일 준비를 해야 한다. 상대의 이야기가 끝난 다음, 그가 모든 말을 다했노라 만족스러워할 때, 그제야 반응을 보이는 아량이 필요하다.

　따라서 우리들은 이런 질문들을 수없이 행해야 한다.

　"분노의 감정을 나에게 털어놓을 만큼 상대가 나를 편하게 느끼고 있는가? 그리고 나는 상대를 그렇게 느끼고 있는가?"

아들의 연

중국의 문화혁명 시기에 양위천(가명)이라는 남자가 감옥에 갇혔습니다. 그는 감옥에 갇혀야 할 정당한 이유도 없이 무작정 끌려온 많은 사람들 중 하나였지요. 함께 수감 생활을 하게 된 사람들도 대부분 자신이 왜 감옥에 오게 되었는지 알 수 없다고 했습니다.

죄 없이 감옥에 갇힌 채 자신의 앞날이 어떻게 될지 모르는 상황에서 고문과 폭행에 시달리던 사람들은 하나 둘 희망을 잃어갔습니다. 풀려난다고 해도 살아갈 길이 막막했습니다. 중국은 이제 희망을 가질 수 없는 나라가 되어버린 것입니다.

양위천은, 희망을 잃고 그저 하루하루를 힘없이 연명하는 사람들을 보며 자신도 덩달아 삶의 의욕을 잃었습니다. 마지막 인사도 나누지 못한 가족들이 살아 있는지도, 부인과 아들이 어떻게 지내는지도 알 수 없었습니다. 이대로 죽는 것이 억울했지만, 산다는 것 자체가 고달팠습니다. '혹시 중국이 다시 민주화가 되면 풀려날 수 있지 않을까?' 하는 생각도 해보았습니다. 그러나 간수들을 통해 듣는 소식은 중국 공산당이 정권을 장악하였고, 앞으로 공산당이 통치하게 될 것이라는 내용뿐이었습니다.

병약하고 의지가 약한 수감자들이 하나 둘 죽어나갔고, 고문과 수감 생활의 고통을 이기지 못해 스스로 목숨을 끊는 사람들도 생겨났습니다. 양위천은 그들을 충분히 이해할 수 있었습니다. 산다는 것이 아무 의미가 없었으니까요. 그에게 남아 있던 희망도 점점 사라져갔습니다. 감옥을 나간들 가족들을 만날 거라 장담할 수도 없었고, 매일 당하는 고문과 정신교육도 더이상 견뎌내기가 어려웠습니다.

그러던 어느 날, 양위천은 감옥 창문에 목을 매야겠다 생각하고 작은 창문을 바라보았습니다. 작은 창문을 통해 감옥 밖의 하늘이 보였습니다. 그때 누군가 날리고 있는 연이 그의 눈에 들어왔습니다. 이렇게 엉망이 되어버린 시대에도 한가롭게 연을 날리는 사람이 있구나, 하는 생각에 잠겨 연을 바라보고 있는데, 하늘을 날고 있는 그 연은 어디선가 본 듯한 것이었습니다.

이상하게 생각한 양위천은 연을 자세히 보았습니다. 바람에 날리는 연이 양위천 쪽으로 돌아설 때에야 그는 그것이 바로 자신이 만든 연이라는 것을 알았습니다. 지금 감옥 밖에서 날고 있는 연은 자신이 감옥에 갇히기 전에 아들에게 만들어준 것이었습니다. 그렇다면 지금 감옥 밖에서는 그의 아들이 그 연을 날리고 있는 것입니다.

아들의 연을 본 양위천은 비로소 살아갈 희망을 얻었습니다. 그리고 반드시 살아서 감옥을 나가야겠다고 결심했습니다. 아들이 밖에서 연을 날리고 있는 이유는 아버지에게 가족들이 모두 잘 있다는 것을 알리기 위한 신호였기 때문이지요. 그리고 아버지가 감옥에서 나오기를 간절히 기다리고 있다는 뜻이었기에, 양위천은 이대로 감옥에서 죽을 수는 없었습니다. 자신의 비참한 상황을 생각할 때는 살아갈 의미가 없었지만, 가족을 생각하자 살아갈 의욕이 샘솟았습니다.

다음날 아침, 양위천이 다시 창문을 바라보았는데, 역시 아들의 연이 하늘을 날고 있었습니다. 그리고 저녁이 되었을 때도 연은 여전히 하늘을 날고 있었지요. 아들의 연은 아침과 저녁이면 어김없이 양위천이 수감된 감옥 위를 날아다녔습니다.

양위천은 자신과 함께 수감된 사람들에게 아들의 연이 하늘을 날고 있다고 말했습니다. 그리고 자신은 반드시 살아서 감옥을 나가겠노라고 거듭 강조했지요. 양위천의 아들이 감옥 밖에서 연을 날리고 있다는 소문이 수감자들 전체에게 알려지자 사람들은 모두 그 연을 보기 위해 창가로 모여들었습니다. 창문이 높아 볼 수 없는 곳에서는 교대로 무등을 타고서 날고 있는 연을 확인했습니다. 사람들은 비록 양위천의 아들이 날리는 연이지만 그것을 보며 모두 자신의 아이들을 생각했습니다. 마치 자신의 아이가 연을 날리고 있는 것처럼 생각하였지요.

그 후로 감옥에 갇힌 사람들에게는 아침과 저녁이면 창문으로 떠오르는 연을 바라보는 것이 가장 큰 즐거움이 되었습니다. 그리고 그 연은 양위천뿐만 아니라 수감된 모든 사람들에게 희망을 주는 연이 되었습니다. 양위천은 결국 감옥을 나오게 되었고, 가족들과 함께 중국을 떠나 지금은 미국에서 살고 있습니다.

원하는 것이 없는 사랑,
이것이 우리 영혼의 가장 높고, 가장 바람직한 경지이다.

헤르만 헤세

어린이들은 사는 것을 배운다

– 도로디 로 놀트

만약 어린이가 나무람 속에서 자라면,

비난을 배운다.

만약 어린이가 적개심 속에서 자라면,

싸우는 것을 배운다.

만약 어린이가 비웃음 속에서 자라면,

부끄러움을 배운다.

만약 어린이가 수치 속에서 자라면,

죄의식을 배운다.

만약 어린이가 관대 속에서 자라면,

신뢰를 배운다.

만약 어린이가 격려 속에서 자라면,
고마움을 배운다.
만약 어린이가 공평함 속에서 자라면,
정의를 배운다.
만약 어린이가 보호 속에서 자라면,
믿음을 배운다.
만약 어린이가 인정 속에서 자라면,
자기 자신을 좋아하는 것을 배운다.
만약 어린이가 받아들임과 우정 속에서 자라면,
세상에서 사랑을 배운다.

일생에 단 한 번 만나는 사람 가나모리 우라코

사람을 만나다보면 싫은 사람, 상대하기 거북한 사람이 있습니다. 그런 사람과 함께 시간을 보낸다는 건 정신적으로 상당히 피곤해지기 쉽습니다. 또한 정신적인 피로가 쌓이면 스트레스로 발전되기도 합니다.

하지만 그런 사람과도 스트레스 받지 않고 지낼 수 있는 요령이 있습니다. 그 순간, 그 자리만을 소중하게 생각하는 것, 그게 요령입니다.

이해하기 어렵다구요? 그럼 이렇게 말해볼까요? 그전에 그 사람에 대한 싫은 기억이 있다든가, 자기를 화나게 했다든가, 상처를 받았다든가, 그런 일은 모두 잊고 그 순간 그 자리의 일을 소중히 생각하면 되는 겁니다. 더 자세히 말하자면, 그 자리를 떠나면 그것으로 끝, 두 번 다시 만나지 않을 거라고 생각하는 것이죠. 날마다 얼굴을 마주쳐야 하는 상대라도 그렇게 생각하면 됩니다.

어려울까요? 그 자리가 끝이라고 생각해도 분함이나 억울함이 남을까요? 분함이나 억울함이 남는다면 그건 상대방에게 뭔가를 바라고 있기 때문입니다. 상대방과 더 확실하게 기분 좋게 지내고 싶어하기 때문인지도 모릅니다. 그렇다면 더더욱 전에 있었던 일이나 앞으로 있을 일은 생각하지 말고 그 순간 그 자리에서 상대방을 바라보면 되는 겁니다. 사람의 만남은 평생 단 한 번뿐. 어쩌면 그 순간부터 지금까지와는 전혀 다른 좋은 관계가 시작될지도 모릅니다.

용서한다는 것 역시 사랑의 표현. 자신을 화나게 한 상대를 사랑하라니 좀 억울하다고 느낄지도 모르겠군요. 하지만 해보면 아실 거예요. 상대를 용서한다는 건 자신을 용서하는 것과 상통합니다. 상대방을 사랑해보면 욕을 하고 만 자신도 다 용서하고 사랑할 수 있다는 것을 알게 됩니다. 사랑의 힘은 위대합니다. 작은 사랑도 거듭되면 욕을 할 정도로 거칠고 메말랐던 마음을 차츰 둥글게 변화시킵니다. 작은 사랑을 계속 베풀면 주위 사람들의 마음도 둥글게 변합니다.

풍부한 사랑은 정말 멋집니다. 사람과의 거리를 잘 유지하는 사랑, 기분 좋게 부탁하고 부탁을 들어줄 줄 아는 사랑, 호의를 잘 표현할 줄 아는 사랑, 분명하게 자기 주장을 할 수 있는 사랑, 어리광 부리고 어리광 받아주기를 잘하는 사랑, 그리고 질투를 진정시킬 줄 아는 자기에 대한 사랑은 모두 하나의 샘에서 솟아나오는 사랑인 것입니다. 그 샘은 누구의 마음에나 있습니다. 아직 보이지 않는다면 숨어 있는 겁니다.

당신이 이미 그 사랑의 샘을 발견한 사람이라면 진심으로 축하합니다.

그런 당신이라면 어떤 사람과 사랑하든 언제나 풍요롭게 그리고 언제까지라도 그 사랑을 키울 수 있기 때문입니다. 자기를 누구보다 소중히 사랑할 수 있기 때문입니다. 자기를 사랑할 줄 아는 당신은 모든 이에게 사랑받을 것이기 때문입니다.

아가페

・・・

아가페agape란 그리스어로 '조건 없는 사랑'이라는 뜻으로 인격적, 정신적 사랑을 뜻한다.

기독교에서는 하나님의 인간에 대한 사랑, 인간 상호간의 사랑을 뜻하는 말로 사용된다.

자기를 희생하는 타자 본위의 생활을 아가페 생활이라고 한다.

가장 큰 선물

...

사랑하는 사람에게 줄 수 있는 가장 큰 선물은 상대의 기분을 좋게 만들어주거나 어떤 해결방법을 찾아주거나 교훈이 될 만한 이야기를 들려주는 것이 아니다. 그저 아무 말 없이 상대의 이야기를 들어주고 그냥 곁에 있어주는 것이다. 그리고 그런 선물을 타인에게 베풀기 위해서는 우선 그것을 자신에게도 똑같이 베풀 수 있어야 한다. 만일 자신에게 가혹하고 냉혹하다면 상대에게 선물을 베풀기 어렵다. 자신을 받아들인다는 것은 타인을 받아들이기 위한 기본 바탕이 된다. 자신의 감정을 받아들이는 것이 타인의 감정을 받아들이기 위한 기본 바탕이 되는 것이다.

마음을 비워야 재물이 쌓인다

 <오 얼마나 좋은 친구냐, 메리> 등의 팝송을 작곡한 버트 카머는 뛰어난 음악가이다. 소년 시절부터 노래를 좋아한 그는 어린 나이에도 혼자 힘으로 작사와 작곡을 할 정도였다.

 총명한 버트는 친구들을 너무 좋아해 뭐든 좋은 물건이 있으면 친구들에게 거저 나누어주곤 했다. 그는 또 아무나 철석같이 잘도 믿었는데, 버트의 부모는 그렇게 순진한 아들이 장차 이 험난한 세상을 어떻게 헤쳐나갈지 걱정스러웠다.

어느 날 오후, 버트는 공원에서 친구들과 신나게 공놀이를 한 뒤 집으로 돌아오는 길이었다. 집 앞에 도착한 그는 볕이 잘 드는 쪽문 앞에 쭈그리고 앉아 있는 늙은 노숙자를 발견했다.

버트네 집은 대문이 두 개 있었는데, 하나는 큰문이고, 또 하나는 큰문 옆에 있는 작은 쪽문이었다. 버트는 자기 키에 딱 맞는 쪽문을 자주 이용했다.

계단에 걸터앉아 햇볕을 쬐고 있는 노숙자를 보는 순간 버트는 측은한 생각이 들었다. 꾀죄죄한 옷차림의 낯선 노숙자에게 다가가던 버트는 그가 쥐고 있는 물건으로 눈이 갔다.

그것은 사냥칼이었다. 굵직한 사슴뿔 손잡이에 보기 좋게 끝이 구부러진, 유난히 돋보이는 그 사냥칼로 노숙자는 손톱을 깎고 있었다. 사슴뿔 손잡이가 달린 칼에서 눈길을 거두지 못한 버트는 자석에 이끌리는 쇠붙이처럼 노숙자에게 다가섰다.

"할아버지, 굉장히 좋은 칼이네요?"

"왜, 좋아보이니? 마음에 든다면 네게 팔 수도 있단다. 35센트만 내거라."

"하지만 지금 당장은 돈이 없는걸요. 칼 값은 나중에 드리면 안 될까요?"

"그래? 그럼 날 따라오겠니?"

파뿌리 같은 머리카락을 바람에 날리며 노인은 자리를 털고 일어섰다. 그리고는 버트의 집에서 그리 멀지 않은 술집으로 버트를 데리고 갔다.

카운터로 성큼성큼 다가선 노인은 카운터 안의 남자에게 뭐라고 귓속말을 건넸다. 그 남자는 알았다는 듯 고개를 끄덕인 뒤 빈 병 하나를 꺼내왔다. 노인은 그 병에 사슴뿔 칼을 넣으면서 카운터의 남자에게 말했다.

"여보게. 이 아이가 내 칼을 샀다네. 이 애가 돈을 직접 벌든 누구에게 용돈을 받아서든 상관 말고 돈을 가져올 때마다 병 속에 그 돈을 넣어주게. 그리고 돈이 35센트가 되거든 그때 이 칼을 꺼내주게나."

그날부터 버트의 모든 돈은 술집의 빈 병 속으로 들어가기 시작했다. 어른들이 준 용돈이든 잔심부름 값이든, 돈만 생기면 버트는 술집으로 달려갔다. 하루라도 빨리 칼을 갖고 싶어진 버트는 신문배달도 마다하지 않았다.

마침내 2주 만에 목표한 35센트를 채우게 된 날, 마침 술집에 와 있던 노숙자는 버트에게 직접 칼을 꺼내주면서 버트의 머리를 쓰다듬었다.

"애야, 이 할아버지 말을 명심해라. 앞으로는 네 힘에 겨운 물건에는 욕심내지 말거라. 내가 만약 그것을 조금만 일찍 알았더라도 이 나이에 이런 몰골이 되지는 않았을 거야."

그날 노숙자의 충고는 버트의 뼛속까지 사무쳤다. 살아가는 동안 버트는 자신의 힘에 부치는 물건은 거들떠보지도 않았고 분수에 맞춰 성실하게 일했다.

그리고 세월이 흘러, 한 푼 두 푼 모은 돈으로 아내와 자식들을 위해 새집을 지을 때였다. 그는 설계사에게 특별히 부탁해서 소년 시절, 그 낯선 노숙자가 앉아 있던 것과 똑같은 모양의 쪽문을 대문 옆에 만들어달라고 했다. 현대식

주택에는 전혀 어울리지 않는 어색한 쪽문이었지만 그는 아랑곳하지 않았다. 그리고 쪽문에는 다음과 같은 글귀를 새긴 타원형 철판을 붙여놓았다.

'평생 잊지 못할 충고로 철없는 소년에게 생활철학의 주춧돌을 놓아준 한 노인에게 감사한다.'

우정은 종종 사랑으로 끝을 맺기도 하지만,
사랑은 결코 우정으로 바뀔 수 없다.

찰스 칼렙 콜튼

모든 노력은 바다에 붓는 한 방울 물과 같다

- 마더 테레사

난 결코 대중을 구원하려고 하지 않는다.
난 다만 한 개인을 바라볼 뿐이다.
난 한 번에 단지 한 사람만을 사랑할 수 있다.
한 번에 단지 한 사람만을 껴안을 수 있다.
단지 한 사람, 한 사람, 한 사람씩만······.
따라서 당신도 시작하고 나도 시작하는 것이다.
난 한 사람을 붙잡는다.
만일 내가 그 사람을 붙잡지 않았다면
난 4만 2천 명을 붙잡지 못했을 것이다.
모든 노력은 단지 바다에 붓는 한 방울 물과 같다.

하지만 만일 내가 그 한 방울의 물을 붓지 않았다면

바다는 그 한 방울만큼 줄어들었을 것이다.

당신에게도 마찬가지다.

당신의 가족에게도.

당신이 다니는 교회에서도 마찬가지다.

단지 시작하는 것이다.

한 번에 한 사람씩.

랍비의 깨달음

랍비 나프탈리가 살던 마을에는 부자들이 여럿 있었다. 그들의 집은 다른 집들과 떨어진 한적한 지역에 위치해 있었기 때문에 밤이면 경비원들이 그 부자들의 집을 지켜주었다.

어느 늦은 저녁 나프탈리는 산책을 하다가 한 경비원과 마주쳤다. 랍비가 물었다.

"그대는 누구를 위해서 일하는가?"

경비원은 자신이 어떤 부자를 위해서 일을 한다고 말하고 나서 이번에는 랍비를 향해 똑같은 질문을 했다.

"랍비여, 당신은 누구를 위해 일하십니까?"

이 예상치 않은 질문에 랍비는 충격을 받았다. 그는 간신히 대답했다.

"나는 아직 누구를 위해서도 일하지 않네."

그러고 나서 그는 경비원과 함께 숲속을 거닐다가 문득 경비원에게 말했다.

"그대가 내 하인이 되어주겠는가?"

경비원이 되물었다.

"저도 그렇게 하고 싶습니다만, 제가 할 일이 무엇인가요?"

랍비가 대답했다.

"나를 일깨워주는 일이지."

첫눈에 반했다

매혹, 이끌림, 정열은 '첫눈'에 생겨날 수도 있다.
그러나 사랑은 그렇지 않다.
사랑은 '앎'이 필요하고 '앎'에는 시간이 필요하다.
사람들은 가끔 '첫눈에 반했다'는 얘기를 하지만 그것은 돌이켜볼 때 그렇게 여겨질 따름이고 사실은, 첫 순간의 강렬한 감정의 반응이 정말로 사랑으로 발전할 수 있게끔 나중의 경험들에 의해서 확인되고 증명되는 것이다.

사랑의 기억 박정민

• • •

　시간이 흐를수록 사랑의 기억이 깊어갑니다. 시간이 흐르면 지워질 것 같았던 사랑의 기억이 더욱 깊어갑니다. 당신을 떠나보낸 후 당신을 보지 못해 당신을 생각하는 시간이 함께 있을 때보다 많아졌습니다. 눈으로 보지 못하는 당신이 보고 싶을 땐 마음속에 당신을 그려보았습니다. 조금이라도 그리움을 달래기 위해 마음속에 당신을 그려보았습니다. 당신이 생각날 땐 그렇게 시간을 보냈습니다. 당신을 마음속에 그리며……. 그래서인지, 시간이 흐를수록 마음속에 당신을 그리는 일이 예전보다 많아졌습니다. 마음속에 그린 또다른 당신 때문에 지워져야 할 슬픈 사랑의 기억이 더욱 깊어져가는 것 같습니다.

죽은 아들의 자리

인디언 마을에서 두 청년 간에 싸움이 일어났습니다. 사냥방법을 의논하다가 말다툼이 시작되었고, 그것이 곧 감정싸움이 되었지요. 감정을 다스리지 못한 두 청년은 땅바닥을 뒹굴며 싸웠는데 그만 한 청년이 죽고 말았습니다. 함께 있던 사람들은 부족의 어른들에게 이 사실을 알렸습니다. 추장은 부족의 전통대로, 친구를 죽인 청년을 죽은 청년의 가족에게 처리하도록 하였습니다. 청년의 운명은 자신이 죽인 친구의 가족들 결정에 달려 있었습니다.

죽은 청년의 형은 분노가 가득한 눈으로 동생을 죽인 그를 바라보고 있었고 누나들은 그를 죽이자고 소리쳤습니다. 그들의 아버지는 한숨을 쉬며 고개를 가로젓고 있었고 친구를 죽인 청년은 무릎을 꿇은 채 그저 땅만 바라보고 있었습니다.

'조금만 참을 것을, 내가 양보했으면 이렇게까지는 안 되었을 텐데. 사냥은 다음에 해도 됐었는데……'

그는 몹시 후회했지만 이제는 돌이킬 수 없는 일이었지요. 자신은 친구를 죽였고, 자신의 운명은 분노에 가득 찬 친구의 가족들의 손에 달려 있었습니다. 이제 그가 할 수 있는 일이라고는 죽음을 기다리는 것밖에 없었습니다. 그렇다고 다른 마을로 도망쳐서 비겁한 일생을 살 수도 없었지요.

원망과 복수의 눈길들이 청년을 둘러싸고, 죽여야 한다는 말이 계속 아우성치자, 죽은 청년의 할아버지가 가족들에게 물었습니다.

"저 아이를 죽인다고 죽은 우리 아이가 살아올 수 있느냐?"

"그렇지는 않지만……."

"저 아이를 죽이는 것이 우리 가족과 부족에게 도움이 되느냐?"

"그건 아니지만……."

"잘 생각해보자!"

할아버지의 말씀에 가족들이 말끝을 흐리고 있을 때, 청년의 아버지가 입을 열었습니다.

"그래! 잘 생각해보자."

가족들은 청년을 마당에 두고 집 안으로 들어갔습니다. 저녁 무렵 시작된 가족회의는 밤이 새도록 계속되었습니다. 아침이 되어서야 가족들은 회의를 마치고 자신의 운명을 기다리고 있는 청년에게 왔습니다.

청년의 운명이 결정될 순간이었습니다. 그래도 혹시나 자신의 실수가 용서받을지도 모른다는 낮은 기대를 갖고 있던 청년 앞에서 죽은 청년의 아버지가 말했습니다.

"저 앞에 있는 창과 칼이 보이느냐?"

"네, 보입니다!"

"그것은 우리 아들의 것이었다. 이제 너의 것이다."

"저 앞에서 아침을 준비하고 있는 여인이 보이느냐?"

"네! 보입니다."

"그녀는 우리 아들의 어머니였다. 이제 네 어머니다!"

"저 앞에 있는 말이 보이느냐?"

"네!"

"그 말은 우리 아들의 말이었다. 이젠 네 말이다. 이제부터 너는 죽은 아들을 대신하여 우리의 아들이 되어야 한다."

밤새도록 회의를 한 끝에 가족들은 아들을 죽인 청년을 죽이는 대신, 양자로 삼기로 한 것입니다. 그리고 아들이 사용하던 모든 것을 그에게 주었습니다. 그는 좋은 아들이 될 것을 다짐하였고, 곧 마을에서 가장 모범적인 아들이 되었습니다. 그는 죽기 전까지 부족 전체에서 가장 아들다운 본보기가 되었지요. 물론 가족을 죽인 청년을 벌주는 대신 양자를 삼은 가족은 가장 아름다운 가족의 본보기가 되었습니다.

무엇이 성공인가

– 오라도 에머슨

자주 그리고 많이 웃는 것

현명한 이에게 존경을 받고

아이들에게서 사랑을 받는 것

정직한 비평가의 찬사를 듣고

친구의 배반을 참아내는 것

아름다움을 식별할 줄 알며

다른 사람에게서 최선의 것을 발견하는 것

건강한 아이를 낳든

한 떼기의 정원을 가꾸든

사회 환경을 개선하든

자기가 태어나기 전보다

세상을 조금이라도

살기 좋은 곳으로 만들어놓고 떠나는 것

자신이 한때 이곳에 살았음으로 해서

단 한 사람의 인생이라도 행복해지는 것

이것이 진정한 성공이다.

삶이란 코카콜라 CEO 더글러스 대프트의 신년 메시지

삶이란 공중에서 다섯 개의 공을 돌리는 저글링 게임입니다. 각각의 공에 일, 가족, 건강, 친구, 나영혼라고 붙여봅시다. 조만간 당신은 '일'이라는 공은 고무공이어서 떨어뜨리더라도 바로 튀어오른다는 것을 알게 될 것입니다. 그러나 다른 네 개는 유리공이어서 하나라도 떨어뜨리게 되면 닳고 긁히고 깨져 다시는 전과 같이 될 수 없습니다. 중요한 것은 어떻게 하면 다섯 개 공의 균형을 유지하느냐는 것입니다.

우선 자신을 다른 사람과 비교하면서 과소평가하지 마십시오. 우리들은 각자 다르고 특별한 존재입니다. 인생의 목표를 다른 사람들이 중요하다고 생각하는 것에 두지 말고 나에게 가장 최선인 것에 두십시오.

가까이 있는 것들을 당연하다고 생각하지 마세요. 당신의 삶처럼 그것들에 충실하십시오. 그것들이 없는 삶은 무의미합니다.

과거나 미래에 집착해 삶이 손가락 사이로 빠져나가게 하지 마세요. 당신의 삶이 하루에 한 번인 것처럼 삶으로써 모든 날들을 살게 되는 것입니다. 아직 줄 수 있는 것들이 남아 있다면 결코 포기하지 마십시오. 노력을 멈추지 않는 한 진정으로 끝난 것은 아무것도 없습니다.

내가 완전하지 못하다는 것을 인정하기를 두려워 마세요. 우리를 구속하는 것은 이 덧없는 두려움입니다. 위험에 부딪히기를 두려워하지 마십시오.

찾을 수 없다고 말함으로써 인생에서 사랑의 문을 닫지 마세요. 사랑을 얻는 가장 빠른 길은 주는 것이고 사랑을 잃는 가장 빠른 길은 사랑을 너무 꼭 쥐고 놓지 않는 것이며, 사랑을 유지하는 최선의 길은 그 사랑에 날개를 달아주는 일입니다.

지금 어디에 있는지 어디를 향해 가고 있는지도 모를 정도로 바쁘게 살지는 마세요. 인생은 경주가 아니라 한 걸음 한 걸음 음미하는 여행입니다. 어제는 역사이고 내일은 미스터리이며 오늘은 선물입니다. 그렇기에 우리는 현재 present를 선물present이라고 부르는 것입니다.

연애가 결혼보다 즐거운 것은
소설이 역사보다도 재미있는 것과 같은 이유다.

샹포르

에피투미아

...

에피투미아epitumia는 그리스어로 '욕망'이라는 뜻이다. 육체적인 욕망으로, 오로지 쾌감만을 추구하려는 욕망을 일컫는다.

인간이 육체적 존재로서 자기 본위의 삶만 산다면 이 세상은 무자비한 투쟁의 장이 될 것이다.

인간이 이러한 육체적 존재로서의 생활을 할 때 에피투미아 생활이라고 한다.

영원한 햇살

...

어깨 위에 내리는 햇살은 나를 행복하게 하고 내 눈에 비치는 햇살은 나를 울게 할 수 있다네. 물 위에 반사되는 햇살은 너무나 사랑스럽고 햇살은 언제나 나를 기분 좋게 하지. 내가 또 하나의 하루를 가졌다면 나는 그 하루를 당신에게 줄 수 있어, 바로 오늘과 같은 하루를. 내가 노래를 가지고 있다면 당신에게 들려줄 수 있지, 이 기분을 느낄 수 있는 노래를. 내가 이야기를 갖고 있다면 당신을 미소 짓게 할 수 있을 텐데. 내가 소원이 있다면 당신을 위해 기도하는 것. 영원한 햇살을 원하는 것.

황금 돌담

옛날 시골 마을에 가난한 농부가 아들 삼형제를 두고 살았다.

농부는 비록 가난했지만 부지런하고 마음씨가 고와 주위 사람들의 칭찬이 자자했다. 그는 늘 아들 삼형제와 아침 일찍 논밭에 나가 부지런히 일하고, 저녁 별이 돋을 즈음에 돌아오는 성실한 농부였다.

농부의 아들들 역시 아버지를 닮아 부지런했다. 늘 아버지와 함께 들에 나가 황소처럼 일하는 성실한 일꾼들이었다. 그렇게 농부와 아들들은 성실하게 일하는 것을 인생의 낙으로 여기며 살아가고 있었다.

어느 날, 농부는 여느 때와 마찬가지로 아들들과 들로 일을 나갔다가 잠시 쉬는 틈을 타서 아들들에게 말했다.

"얘들아, 이 땅은 우리들에게 곡식을 주고 또 우리를 건강하게 만들어주는 아주 귀한 보물이다. 그런데 너희들도 보다시피 우리 들 주변에는 쓸모없는 돌들이 너무 많구나. 이 돌들을 모두 치워버리면 어떻겠니?"

"예? 이 많은 돌들을 언제 다 치우죠?"

아들들이 겁먹은 표정으로 말하자 아버지가 웃으며 말했다.

"물론 오늘 다 치우자는 게 아니다. 오늘 다 마칠 수도 없는 일이고. 그러니 매일 조금씩 이 돌들을 나르도록 하자. 그러면 언젠가는 이 많은 돌들이 다 없어질 것이다."

"알겠습니다, 아버님."

그리하여 이 날부터 부지런한 농사꾼과 세 아들은 일을 나갔다가 집으로 올 때면 꼭 들에서 돌을 들고 왔다. 그리고 그중 큼직한 돌들은 저마다 하나 둘씩 집으로 가져가

집 주위에 돌담을 쌓기 시작했다.

그들은 비가 와도 눈이 와도 매일같이 돌을 주워와 집 주위에 담을 쌓았다.

그러는 사이에 삼 년의 세월이 지났다.

이제 농부의 집 주위에는 그럴듯한 돌담이 둘러쳐지게 되었다.

그런데 농부의 집 뒤에는 심보 고약한 부자 영감이 살고 있었는데, 그는 공짜라면 양잿물도 퍼마실 위인이었다.

어느 날, 부자 영감이 대문 밖을 나섰을 때였다.

"어라? 저게 뭐지? 황금 덩어리 아니야?"

영감의 눈에는 농부의 집을 두르고 있는 돌담이 모두 황금으로 보였던 것이다.

"저자가 언제 저렇게 많은 돈을 벌어 황금 돌담까지 쌓았지?"

그때부터 영감은 그 황금 돌담이 탐이 나 밤잠도 제대로 못 이뤘다. 제 버릇 개 못 준다고, 어떻게든 농부의 집을 차지하려는 욕심이 발동했던 것이다.

영감은 밤새도록 이리 뒤척 저리 뒤척 잠을 이루지 못하고 궁리하다가 아침 녘에야 무릎을 탁 쳤다.

"옳지, 그렇게 하자!"

날이 밝자 영감은 곧바로 농부에게로 달려갔다. 농부가 막 일을 나가려던 참이었다.

"여보게, 나 좀 잠깐 보세."

아침 일찍 부자 영감이 찾아온 것을 보고 농부는 먼저 찜찜한 마음이 들었다.

"무, 무슨 일이시죠?"

그가 찾아왔다 하면 늘 궂은일이 생겼다. 억지로 트집을 잡아 숟가락 하나라도 기어이 빼앗아간 적이 한두 번이 아니었다.

하지만 영감은 평소와는 달리 만면에 웃음을 머금으며 부드럽게 말했다.

"자네, 요즘 돈을 많이 버는 모양이지?"

"그게 무슨 말씀이신가요? 전 그저 땅을 일궈서 저희 식구 먹고 살 농사밖에 하는 게 없는데요?"

"그런데 어떻게 저리도 훌륭한 담을 쌓았는가?"

"아, 저 돌담이요? 저건 들에 널린 돌들을 하나씩 주워 와서 만든 겁니다."

농부의 말을 듣고 영감은 깜짝 놀랐다.

'아니, 저런 미친놈이 있나? 황금을 보고 돌이라고 하다니?'

영감은 속으로 쾌재를 불렀다.

'이렇게 되면 일이 더 쉬워지겠는걸……'

그러면서 바로 말을 꺼냈다.

"여보게, 우리는 서로 앞뒷집에 사는 이웃사촌 아닌가?"

"그야, 그렇습니다만……."

"그래서 하는 말인데, 그동안 내가 자네한테 좀 야박하게 굴었던 것 같아. 서로 돕고 친하게 지냈어야 했는데 말이야. 그래서 내가 이제부터는 자네와 좀 친하게 지내려고 하네."

농부는 영감이 무슨 꿍꿍이가 있나 싶어 불안했다.

"그래서 말이지, 그동안의 일을 사과할 겸해서 내 집과 자네 집을 바꾸면 어떨까 해서 찾아왔네. 물론 자네 땅은 그대로 갖고 그저 집만 바꾸면 되는 걸세."

"갑자기 무슨 말씀을 하시는지 모르겠군요."

농부는 영감이 갑자기 망령이 들었나 싶었다.

"달리 생각지는 말게. 나는 그저 자네 집 돌담이 하도 부러워보여 그러는 것뿐이니까. 그리고 나야 재물이 있으니 이 초가집에서 살다가 싫증이 나면 다시 새 기와집을 하나 사면 되니 부담 갖지 말고 그렇게 하도록 하세."

생각지도 않은 제안에 농부는 어리둥절할 뿐이었다.

결국 집요한 영감의 설득 끝에 그들은 서로 집을 바꿔 살기로 했다. 욕심 많은 영감은 나중에 농부가 딴소리를 할까봐 계약서까지 만들어서 서명을 하고 하나씩 나누어 가졌다.

"나중에 딴소리 하면 안 되네?"

영감은 입다짐까지 받아두려고 농부에게 말했다.

"제가 다른 소리 할 일이 있겠습니까? 영감님이라면 모를까……"

"아닐세. 이번에는 내가 죽어도 다른 소리 안 할 테니 걱정 말게."

이렇게 해서 농부와 영감은 서로 집을 바꾸게 되었다.

"하하하! 이제 나는 엄청난 부자가 된 거야. 저까짓 기와집 한 채가 문젠가? 이 정도의 황금이라면 저런 집 백 채도 더 살 수 있는데. 하하하……."

영감은 너무 좋아서 춤이라도 추고 싶은 심정이었다.

그러나 이튿날 아침, 상황은 엄청나게 변해버렸다.

"아니? 이, 이게 어찌 된 거야!"

영감은 너무 놀라 그 자리에 주저앉고 말았다. 그토록 눈부신 광채를 내던 황금 담은 온데간데없어지고 시커먼 돌들만 쌓여 있는 평범한 돌담이 눈앞에 펼쳐져 있는 게 아닌가. 영감의 욕심이 어이없게도 착시 현상을 일으킨 것이었다.

영감은 그날부터 자리에 누워 일어나지 못했다.

반면, 농부와 세 아들은 평소와 다름없이 동이 트면 쟁기를 메고 들로 나가 전보다 더 열심히 일을 했다.

올바른 자세로 자연을 대하라,
자연도 당신을 올바르게 대할 것이다.
이는 당신 자신과 당신 자신의 몸에도 해당하는 법칙이다.

만일 내가 다시

– 다이애나 루먼스

만일 내가 다시 아이를 키운다면
먼저 아이의 자존심을 세워주고
집은 나중에 세우리라.
아이와 함께 손가락 그림을 더 많이 그리고,
손가락으로 명령하는 일을 덜 노력하고,
아이와 하나가 되려고 더 많이 노력하리라.
시계에서 눈을 떼고
눈으로 아이를 더 많이 바라보리라.
만일 내가 다시 아이를 키운다면
더 많이 아는 데 관심 갖지 않고,

더 많이 관심 갖는 법을 배우리라.
자전거도 더 많이 타고
연도 더 많이 날리리라.
들판을 더 많이 뛰어다니고
별들을 더 오래 바라보리라.
더 많이 껴안고 더 적게 다투리라……

관계의 만능키 김홍식

호텔 지배인은 만능키라는 것을 가지고 있습니다. 그 만능키는 투숙객들이 열쇠를 잃어버렸을 때나 그밖의 위급한 상황에 대비하기 위해서 모든 객실을 열 수 있게 만든 것입니다. 호텔 지배인은 이 열쇠 하나로 호텔의 어느 방이든지 열고 들어갈 수 있습니다. 이 열쇠 하나만 있으면 모든 문을 열 수 있기 때문에 수십, 수백 개나 되는 열쇠를 들고 다닐 필요가 없습니다.

사람의 관계에도 이런 만능키가 있다면 얼마나 좋을까요? 모든 사람들의 마음의 문을 한번에 열 수 있는 열쇠.

그러나 사람의 관계를 해결하는 만능키는 없습니다. 사람 사이의 관계를 개선하고 마음을 열기 위해서는 그때마다 다른 열쇠가 필요합니다. 배가 고픈 사람에게는 한 끼 식사가 마음을 여는 열쇠이고, 감정이 상한 사람에게는 위로의 말이 마음을 열어줍니다.

사람들은 각기 다른 습관과 생각을 가지고 살아왔기 때문에 내가 좋아하는 것을 모든 사람이 좋아할 수 없습니다. 내 생각과 내 기분대로 상대를 대하면 그 관계는 금이 가고 맙니다.

관계에서 만능키 역할에 가까운 것이 있다면 인내입니다. 상대가 마음에 들지 않아도 참아주는 것입니다. 누구를 대하든 참는 것은 관계형성의 기초입니다. 우리가 대하는 모든 사람은 참아야 할 대상입니다. 참지 않아도 될 사람은 아무도 없습니다.

남녀의 마음

・・・

 남녀의 마음이 서로 이끌리는 여러 가지 이유들이 뚜렷이 파악되기 훨씬 전에 사랑은 자라나기 시작한다. 오랜 세월에 걸쳐 함께 살아온 수많은 남자들과 여자들이 경험한 바로는, 아주 초기에는 그들이 사랑하게 되는 새로운 이유들을 무의식적으로 파악하기는 했어도 오랜 시간이 걸려서야 비로소 구체적으로 표현할 수 있게 된다. 이를 일찍 깨닫고자 하는 남녀라면 이런 질문이 도움되리라.

 "우리는 어떤 면에서 서로 비슷한가?"

 "우리는 어떤 면에서 서로 다른가?"

 그대가 힘들 때 내가 힘이 되어줄 수 있게 조금만 더 마음의 문을 열어준다면……

에로스

에로스eros는 그리스 신화에 나오는 사랑의 신의 이름으로, 일반적으로 '사랑'이란 의미로 쓰인다. 본래는 정신적 사랑을 의미하였으나 후에 육체적인 사랑의 뜻으로 변했다.

인간이 문화 세계를 향해 전진하는 노력을 통하여 에피투미아 생활을 버린 자타 공영의 생활을 에로스 생활이라고 한다.

아내들의 전쟁 김홍식

트루먼 대통령 시절, 뉴볼드 모리스라는 백악관 경제보좌관이 있었습니다. 그는 선박회사를 운영하는 사람이었는데, 능력을 인정받아 대통령 보좌관으로 일할 기회를 얻게 되었습니다. 그러나 국회 청문회 기간에 그에게 소환장이 날아왔습니다. 그가 공권력을 이용해서 자신의 선박회사를 돕고 있다는 혐의였습니다.

의원들이 그를 공권력 남용죄로 몰아가려 하자, 모리스는 자신의 결백을 주장하느라 목소리가 커지기 시작했습니다. 언쟁이 심해지자 모리스는 윗도리를 벗으려고 주머니에 손을 넣었습니다. 필요한 물건이 있으면 꺼내려고 했는데, 손에 작은 쪽지가 잡혔습니다. 그 쪽지를 꺼내 읽은 모리스는 갑자기 미소를 지으며 다시 자리에 앉았습니다. 그리고 자신이 공권력을 남용한 적이 없다는 사실을 차분하게 의원들에게 설명하였습니다.

의원들은 화가 나서 크게 소리치던 사람의 태도가 갑자기 부드러워지자 청문회 내용보다 그 쪽지 내용이 더 궁금해지기 시작했습니다. 그리고 잠깐 쉬는 시간에 그것이 무엇이냐고 물었습니다. 그러자 모리스는 그 쪽지에 얽힌 사연을 털어놓았습니다.

모리스는 화가 나면 어디서든지 윗도리를 벗는 습관이 있었습니다. 그가 윗도리를 벗으면, 그것은 그가 이성을 잃기 시작했다는 증거였습니다. 그리고 지금까지 윗도리를 벗어던진 후 잘된 일은 단 하나도 없었습니다.

그날 아침, 국회 청문회에 간다는 말을 들은 그의 아내는, 남편이 청문회에서 윗도리를 벗게 될 것을 염려해 메모지에 '아무 데서나 옷을 벗지 마세요!'라고 써놓은 것이었습니다. 모리스는 아내의 쪽지를 보고는 터져나오는 웃음을 참느라고 화를 낼 수가 없었다고 말했습니다.

 모리스의 말에 의원들은 그가 혼자 세상을 사는 사람이 아니고, 처자를 거느린 가장이라는 생각을 하게 되었습니다. 그리고 그런 현명한 아내와 함께 사는 사람이 공권력을 남용해서 자기 사업을 일으키지는 않았을 것이라는 인식을 하였지요. 그 쪽지로 인해 청문회 진행은 한결 부드러워졌고, 모리스는 곤경에서 벗어날 수 있었습니다.

 우리가 매일 만나는 사람들은 누군가의 남편이고, 누군가의 아내입니다. 그들은 우리가 아무렇게나 취급할 대상이 아닙니다. 저녁이 되면 사랑하는 아이들과 아내가 기다리는 집으로 들어가야 할 사람들입니다. 그들의 기분이 상하면 그들을 기다리던 가족들은 모두 슬픈 저녁 시간을 맞이할 것입니다.

 우리가 대하는 사람들은 한 가족을 대표하고 있는 사람입니다. 그를 통해 한 가족이 행복하기도 하고 불행하기도

합니다. 한 가족의 불행은 거기서 끝나지 않습니다. 많은 가정들로 구성된 사회에 영향을 끼칩니다. 그리고 사회는 그만큼 어두워집니다.

포기하면 안 되지

- 에드거 앨버트 게스트

이따금 일이 잘 풀리지 않을 때,

험한 비탈을 힘겹게 올라갈 때,

주머니는 텅 비었는데 갚을 곳은 많을 때,

웃고 싶지만 한숨지어야 할 때,

주변의 관심이 되레 부담스러울 때,

필요하다면 쉬어가야지, 하지만 포기하면 안 되지!

인생은 우여곡절 굴곡도 많은 법,

사람이라면 누구나 깨닫는 바이지만,

수많은 실패들도

나중에 알고 보면

계속 노력했더라면 이루었을 일.

그러니 포기는 말아야지,

비록 지금은 느리지만,

한 번 더 노력하면 성공할지 뉘 알까!

성공은 실수와는 안팎의 차이,

의심의 구름 가장자리에 빛나는 희망,

목표가 얼마나 가까워졌는지는 아무도 모를 일,

생각보다 훨씬 가까울지도 모르지.

그러니 얻어맞더라도 싸움을 계속해야지.

일이 안 풀리는 시기야말로

포기하면 안 되는 때!

화를 다스리는 법

 자신의 힘이 세계 제일이라고 자랑하는 헤라클레스가 어느 날 아주 좁은 길을 가고 있었다. 그런데 한참을 가다 보니 길 한가운데에 사과 크기만 한 이상한 물건이 떨어져 있었다.

 '아니, 감히 천하에서 제일 힘이 센 헤라클레스의 앞길을 방해하다니. 에잇.'

 그는 발로 그 동그란 것을 툭하고 찼다. 그러자 사과만 한 그것이 어느새 수박만큼 커졌다.

 '어, 이게 뭐야. 나를 놀리네.'

흥분한 헤라클레스는 다시 그것을 발로 힘껏 찼다. 그랬더니 이번에는 그것이 바위만큼 커져버렸다.

 '그래, 천하의 헤라클레스를 이겨보겠다고? 어림도 없다. 이놈.'

 더욱 열이 오른 헤라클레스는 이번에는 자신이 들고 있던 커다란 쇠몽둥이를 그것을 향해 휘둘렀다. 놀랍게도 그것은 아까보다 두 배나 더 커져 마침내 좁은 길을 막아버리고 말았다. 너무나 화가 난 그는 잔뜩 얼굴을 찡그린 채 웃옷을 벗어던지고 한참 동안 그것을 들어올려 집어던지려고 애썼다. 그러나 그러면 그럴수록 그의 얼굴은 더욱더 심하게 일그러져 보기 흉해졌고 덩달아 그것은 더욱 커져서 마침내 산더미만 해졌다.

 결국 산더미만 하게 변해버린 그것에 눌려 험상궂은 얼굴로 노려보고 있는 헤라클레스 앞에 아테네 여신이 나타났다. 그런데 그녀가 그 산더미만 한 물건을 보고 웃으며 아름다운 노래를 들려주자마자 놀랍게도 그것은 순식간에 작은 사과 크기가 되어 길 한모퉁이에 툭 떨어졌다.

깜짝 놀라는 헤라클레스에게 아테네 여신이 웃으며 말했다.

"그것을 더이상 건드리지 마세요. 그것은 당신 마음속에 있는 화와 같아서 건드리지 않고 두면 작아지지만 건드릴수록 더 커진답니다. 화는 낼수록 더 커지는 법이지요. 조금만 참으면 곧 잊히는 것이 마음속의 화이니까요."

연애에서 가질 수 있는 행복은
사랑하는 여자의 손을 처음으로 잡아보는 것이다.

스탕달

꽃과 같은 친구

• • •

꽃이 피어서 예쁠 때는
그 아름다움에 찬사를 아끼지 않습니다.
그러나 꽃이 지고 나면 돌아보는 이 하나 없듯,
자기 좋을 때만 찾아오는 친구는
바로 꽃과 같은 친구입니다.

저울과 같은 친구

• • •

저울은 무게에 따라
이쪽으로 또는 저쪽으로 기웁니다.
그와 같이 나에게 이익이 있는가 없는가를 따져
이익이 큰 쪽으로만 움직이는 친구가
바로 저울과 같은 친구입니다.

사랑 그리고 부와 성공

 한 여인이 집 밖으로 나왔다. 그녀는 자신의 정원 앞에 앉아 있는 하얗고 긴 수염을 가진 세 명의 노인을 보았다. 그들은 모르는 사람들이었지만 그녀는 그들에게 말을 걸었다.

 "나는 당신들을 잘 몰라요. 하지만 당신들은 많이 배고파 보이는군요. 저희 집에 들어오셔서 뭔가를 좀 드시지요."

 그러자 그들이 물었다.

 "집에 남자가 있습니까?"

"아뇨. 외출중입니다."

"그렇다면 우리는 들어갈 수 없습니다."

그들이 대답하였다.

저녁이 되어 남편이 집에 돌아오자 그녀는 남편에게 자초지종을 이야기하였고, 남편은 '그들에게 가서 내가 집에 돌아왔다고 말하고 그들을 안으로 모시라'고 하였다.

부인은 밖으로 나가 노인들에게 안으로 들어가자고 청하였다. 하지만 그들은 "우리는 함께 들어가지 않습니다"라며 사양하였다.

"왜죠?"

그녀가 물었다. 노인 중 한 사람이 설명하였다.

"내 이름은 부(富)입니다. 저 친구의 이름은 성공이고 다른 친구의 이름은 사랑입니다. 자, 이제 집에 들어가셔서 남편과 상의하세요. 우리 셋 중에 누가 당신의 집에 거하기를 원하는지."

부인이 그들의 말을 전하자 남편은 매우 즐거워했다.

"굉장하네."

남편이 말했다.

"그렇다면, 우리 '부'를 초대합시다. 그를 안으로 들게 해 우리 집을 부로 가득 채웁시다."

부인은 동의하지 않았다.

"여보, 왜 '성공'을 초대하지 않으세요?"

그들의 대화를 듣고 있던 며느리가 자신의 생각을 내놓았다.

"사랑을 초대하는 것이 더 낫지 않을까요? 그러면 우리 집안이 사랑으로 가득 차게 되잖아요."

"여보, 우리 며느리의 조언을 받아들입시다. '사랑'을 우리의 손님으로 맞아들입시다."

부인이 밖으로 나가 세 노인에게 물었다.

"어느 분이 '사랑'이세요? 저희 집으로 드시지요."

사랑이 일어나 집 안으로 발걸음을 옮기기 시작했다. 그러자 다른 두 사람도 일어나 그를 따랐다.

놀란 부인이 '부'와 '성공'에게 물었다.

"저는 단지 '사랑'만을 초대했는데, 두 분은 왜 따라서 들어오시죠?"

두 노인이 같이 대답했다.

"만일, 당신이 우리 즉 '부'나 '성공'을 초대했다면, 우리 셋 중 다른 두 사람은 밖에 그냥 있었을 거예요. 그러나 당신은 '사랑'을 초대했어요. '사랑'이 가는 곳이라면 우리 '부'와 '성공'은 언제든 따라간답니다. 또한 '사랑'이 있는 곳이면 어느 곳이든 '부'와 '성공'이 있답니다."

모든 자연은 그렇게 떠나보내며 산다

- **채근담**

바람이 성긴 대숲에 불어와도

바람이 지나가면

그 소리를 남기지 않는다.

기러기가 차가운 연못을 지나가도

기러기가 지나가고 나면

그 그림자를 남기지 않는다.

그러므로 군자는

일이 생기면 비로소 마음이 나타나고

일이 지나고 나면 마음도 따라서 비워진다.

사람들은 무엇이든 소유하기를 원한다.

그들의 눈을 즐겁게 해주는 것.

그들의 귀를 즐겁게 해주는 것.

그리고 그들의 마음을 즐겁게 해주는 것이면

가리지 않고

자기 것으로 하기를 주저하지 않는다.

남의 것이기보다는 우리 것으로

그리고 우리 것이기보다는

내 것이기를 바란다.

나아가서는 내가 가진 것이

유일하기를 원한다.

그들은 인간이기 때문에

인간이기 위하여 소유하고 싶다고

거리낌 없이 말한다.

얼마나 맹목적인 욕구이며 맹목적인 소유인가?

보라,

모든 강물이 흘러 바다로 들어가 보이지 않듯이

사람들은 세월의 강물에 떠밀려

죽음이라는 바다로 들어가 보이지 않게 된다.

소유한다는 것은 머물러 있음을 의미한다.

모든 사물이

어느 한 사람만의 소유가 아니었을 때

그것은 살아 숨쉬며

이 사람 혹은 저 사람과도 대화한다.

모든 자연을 보라.

바람이 성긴 대숲에 불어와도

바람이 가고 나면

그 소리를 남기지 않듯이

모든 자연은 그렇게 떠나보내며 산다.

하찮은 일에 너무 집착하지 말라.
지나간 일들에 가혹한 미련을 두지 말라.
그대를 스치고 지나는 것들을 반기고
그대를 찾아와 잠시 머무는 시간을 환영하라.
그리고 비워두라.
언제 다시 그대 가슴에
새로운 손님이 찾아들지 모르기 때문이다.

여자들이 정말로 원하는 것

 젊은 아더왕이 복병을 만나 이웃나라 왕의 포로 신세가 되었다. 이웃나라 왕은 아더왕을 죽이려 하였으나 그의 혈기와 능력에 감복하여 한 가지 제안을 한다. 자신이 던질 매우 어려운 질문에 아더왕이 답을 맞춘다면 그를 살려주기로 한 것이다.

 이웃나라 왕은 질문에 대한 답을 찾을 기한으로 1년을 주었고 아더왕이 1년 안에 답을 찾아오지 못하면 처형하기로 하였다.

 그 질문은 "여자들이 정말로 원하는 것은 무엇인가What

do women really want?"였다.

이러한 질문은 현명하다는 사람들도 당황시킬 정도의 어려운 질문이었는데 하물며 젊은 아더왕은 어쩌랴. 아더왕에게는 풀 수 없는 질문으로 보였다. 그러나 죽음보다는 나았기에 아더왕은 이웃나라 왕의 제안을 받아들여 1년 동안 그 질문에 대한 답을 찾기에 나선다.

아더왕은 자신의 왕국에 돌아와서 모든 백성들에게 묻기 시작했다. 공주들, 창녀들, 승려들, 현자들, 그리고 심지어 광대들에게까지 모두 물어보았다. 하지만 누구도 만족할 만한 답을 주지 못했다.

그때 아더왕의 신하들이 왕에게 말하기를, 북쪽에 늙은 마녀가 한 명 사는데 그녀는 답을 알 것이라면서 그녀를 데려오는 것이 어떠냐고 제안했다. 그런데 마녀는 말도 안 되는 엄청난 대가를 요구하는 것으로 유명하였다.

1년이 지나 마지막 날이 돌아왔고, 아더왕에게는 늙은 마녀에게 물어보는 것 외에 달리 선택의 여지가 없었다. 늙은 마녀는 답을 안다고 선뜻 대답했는데, 예상대로 엄청난 대가를 요구하였다. 바로 아더왕이 거느린 원탁의 기사들 중 가장 용맹하고 용모가 수려한 거웨인과 결혼하는 것이었다.

아더왕은 충격에 휩싸였고 주저하기 시작했다. 늙은 마녀는 곱추였고, 섬뜩한 기운까지 감돌고 있었다. 이는 하나밖에 없었고 입 안에서는 하수구 냄새가 풍겼으며 계속해서 이상한 소리를 내고 있었다. 아더왕은 이제까지 이렇게 더럽고 추잡한 생물은 본 적이 없었고 이런 추한 마녀를 자기의 가장 충성스러운 신하 거웨인과 결혼시킬 수가 없었다. 그러나 거웨인은 자기가 충성을 바치는 아더왕의 목숨이 달려 있는 만큼 주저 없이 마녀와 결혼하겠다고 말했다.

결혼이 진행되었고, 결국 마녀는 아더왕이 가진 질문에 대한 정답을 이야기하였다. 여자들이 정말로 원하는 것은 바로 자신의 삶을 자신이 주도하는 것, 곧 자신의 일에 대한 결정을 남의 간섭 없이 자신이 내리는 것What women really want is to be in charge of her own life이라고 하였다.

정답을 듣자 모든 사람은 손바닥을 치며 저 말이야말로 진실이고 질문에 대한 정답이라고 하며 아더왕이 이제 죽지 않아도 된다는 사실에 기뻐하였다.

아더왕은 이웃나라 왕에게 질문에 대한 답을 하였고, 이웃나라 왕은 그것이야말로 진실이며 정답이라고 기뻐하면서 아더왕의 목숨을 보장해주었다.

하지만 목숨을 되찾은 아더왕에게는 근심이 남아 있었다. 자신이 가장 총애하는 거웨인의 결혼에 대한 것이었다. 아더왕은 이제 거웨인에 대한 일로 근심에 쌓였다.

그러나 거웨인은 대단한 사람이었다. 늙은 마녀는 최악의 매너와 태도로 거웨인을 비롯한 모든 사람을 대했지만 거웨인은 한치의 성냄이나 멸시 없이 자신의 아내가 될 사람으로서 마녀를 대했다.

첫날밤이 다가왔다. 거웨인은 자신의 인생에 있어서 최악의 경험이 될지도 모르는 첫날밤을 앞두고 숙연히 침실에 들어갔다. 그러나 침실 안의 광경에 거웨인은 놀라고 말았다. 거웨인의 인생에서 본 적 없는 최고의 미녀가 침대 위에서 그를 기다리고 있었던 것이다. 놀란 거웨인이 미녀에게 어찌된 일이냐고 물었다.

미녀는 말했다. 자신이 추한 마녀임에도 거웨인은 항상 진실로 자신을 대했고 아내될 자로 인정하였으므로 그에 대한 감사의 보답으로 이제부터 삶의 반은 마녀로, 나머지 반은 아름다운 미녀로서 있겠노라고 하였다. 그러면서 마녀는 거웨인에게 '낮에 추한 마녀로 있고 밤에 아름다운 미녀로 있을 것인가, 아니면 낮에 아름다운 미녀로 있고 밤에 추한 마녀로 있을 것인가'를 선택하라고 하였다. 거웨인은 이 진퇴양난의 딜레마에서 선택을 해야만 했다.

만일 낮에 아름다운 미녀로 있는다면 주위 사람에게는 부러움을 사겠지만 밤 시간 둘만 있을 때 추한 마녀로 변한다면 어찌 살 것인가. 아니면 반대로 낮에 추한 마녀로 있어 주위 사람의 비웃음을 사겠지만 밤 시간에 아름다운 미녀로 변하기 때문에 자신은 행복할 것이다.

당신이라면 어떤 선택을 하겠는가?

거웨인은 마녀에게 직접 선택하라고 말했다. 마녀는 이 말을 듣자마자, 반은 마녀, 반은 미녀 할 것 없이 항상 아름다운 미녀로 있겠노라고 말했다. 이유는 거웨인이 마녀에게 직접 선택하라고 할 만큼 그녀 자신의 삶과 결정권, 그리고 그녀 자체를 존중해주었기 때문이라고 하였다.

산과 같은 친구

• • •

산이란 온갖 새와 짐승의 안식처이며
멀리 보거나 가까이 가거나
늘 그 자리에서 반겨줍니다.
그처럼 생각만 해도 편안하고 마음 든든한 친구가
바로 산과 같은 친구입니다.

땅과 같은 친구

• • •

땅은 뭇 생명의 싹을 틔워주고 곡식을 길러내며
누구에게도 조건 없이
기쁜 마음으로 은혜를 베풀어줍니다.
한결같은 마음으로 지지해주는 친구가
바로 땅과 같은 친구입니다.

나폴레옹과 모피 상인

나폴레옹이 러시아를 침공했을 때의 일이다. 끝없이 혹한이 몰아치는 작은 마을 한복판에서 그의 군대가 러시아 군대와 전투를 벌이고 있었다. 밀고 밀리는 전투 속에서 나폴레옹은 그만 자신의 군대와 멀어지게 되었다.

러시아 코사크 군대가 그를 알아보고 맹렬히 뒤쫓기 시작했다.

나폴레옹은 사력을 다해 도망치다가 뒷골목에 있는 모피 상점 안으로 들어갔다. 숨을 몰아쉬면서 가게 안으로 뛰어든 나폴레옹은 모피 상인에게 애원했다.

"날 좀 구해주시오! 난 지금 쫓기고 있소. 어디에 좀 숨겨주시오!"

모피 상인이 말했다.

"빨리 저 모피더미 속으로 몸을 숨기시오."

나폴레옹이 그리로 뛰어들자 모피 상인은 여러 겹의 모피로 나폴레옹을 덮었다. 곧바로 러시아 코사크 병사들이 밀어닥쳤다. 그들은 문을 걷어차며 안으로 들어와서는 소리쳤다.

"어디로 숨었지? 이리로 들어오는 걸 분명히 봤는데."

모피 상인의 항의에도 아랑곳하지 않고 병사들은 나폴레옹을 찾기 위해 가게 안을 샅샅이 뒤졌다. 그들은 긴 칼로 모피더미를 찔러봤지만 나폴레옹을 찾아내지 못했다. 결국 병사들은 포기하고 떠났다.

잠시 후, 나폴레옹이 모피더미 아래에서 기어나왔다. 다친 데는 없었다. 마침 나폴레옹의 수비대가 가게 안으로 달려왔다.

　모피 상인은 나폴레옹을 향해 약간 망설이며 말했다.

　"당신처럼 위대한 사람에게 이런 질문을 하는 걸 용서하십시오. 하지만 꼭 알고 싶은 게 있습니다. 다음 순간에 죽을지도 모르는 그런 상황에서 저 모피더미 아래 숨어 있을 때 어떤 기분이 들던가요?"

　나폴레옹이 벌떡 몸을 일으키더니 성난 목소리로 모피 상인에게 소리쳤다.

　"어떻게 나 나폴레옹 황제에게 그따위 질문을 할 수 있단 말인가! 병사들! 이 건방진 놈을 밖으로 끌어내 눈을 가리고 당장 총살하라. 내가 직접 발사 명령을 내리겠다."

　수비대는 가련한 모피 상인에게 달려들어 그를 밖으로 끌어내 벽에다 세우고는 눈을 가렸다. 모피 상인은 아무것도 볼 수 없었지만 수비대가 일렬로 서서 총에 장전하는 소리를 다 들을 수 있었다. 차가운 겨울바람에 자신의 옷깃이 흔들리는 소리까지 들을 수 있었다. 바람이 그의 뺨을 차갑게 스치고 옷자락을 부드럽게 잡아당기는 것도 느낄 수 있었다. 다리가 걷잡을 수 없이 떨려왔다. 모피 상인은 나폴레옹이 목을 가다듬고 천천히 명령하는 소리를 들었다.

"사격 준비, 조준."

이제 자신의 목숨을 영원히 앗아갈 그 몇 초의 순간에 모피 상인은 말로 표현할 수 없는 감정이 솟구쳐 눈물이 뺨을 적셨다.

한참 동안 아무 소리도 들리지 않다가, 모피 상인은 그를 향해 다가오는 저벅거리는 발소리를 들었다. 그리고 눈을 가렸던 안대가 풀렸다.

갑작스런 햇빛에 아직 눈이 어른거렸지만 상인은 자신의 눈을 깊이 들여다보고 있는 나폴레옹의 눈을 보았다. 그 눈은 자신의 존재 구석구석을 꿰뚫어보고 있는 듯했다.

나폴레옹이 부드럽게 말했다.

"이제 당신은 알 것이오. 내가 그때 어떤 기분이었는가를."

내게 당신의 힘과 지혜를 주소서

- 인디언 기도문

바람 속에 당신의 목소리가 있고

당신의 숨결이 세상 만물에 생명을 줍니다.

나는 당신의 많은 자식들 가운데

작고 힘없는 아이입니다.

내게 당신의 힘과 지혜를 주소서.

나로 하여금 아름다움 안에서 걷게 하시고

내 두 눈이 오래도록 석양을 바라볼 수 있게 하소서.

당신이 만든 물건들을 내 손이 존중하게 하시고

당신의 목소리를 들을 수 있도록
내 귀를 예민하게 하소서.
당신이 내 부족 사람들에게 가르쳐준 것들을
나 또한 알게 하시고
당신이 모든 나뭇잎, 모든 돌 틈에 감춰둔 교훈들을
나 또한 배우게 하소서.

내 형제들보다 더 위대해지기 위해서가 아니라
가장 큰 적인 내 자신과 싸울 수 있도록
내게 힘을 주소서.
나로 하여금 깨끗한 손, 똑바른 눈으로
언제라도 당신에게 갈 수 있도록 준비시켜주소서.
그래서 저 노을이 지듯이 내 목숨이 사라질 때
내 혼이 부끄럼 없이 당신에게 갈 수 있게 하소서.

레테의 강

 한 여인이 스틱스 강가로 천천히 내려오자 저승사자 차론은 여인을 배에 태워 저승으로 데려가기 위해 서서히 배를 저어왔다.

 여인의 얼굴은 침착했다. 차론이 여인의 손을 잡아끌어 배에 태우고는 여인에게 물병 하나를 건네주며 말했다.

 "여인이여, 이 물을 마시면 당신은 살아오면서 겪은 모든 고통스러운 일들을 다 잊을 수 있을 것입니다. 그러나 이 물은 반드시 마셔야 하는 것이 아닙니다. 다만 강을 다 건널 때까지 이 물을 마실지 안 마실지를 결정해야 합니다."

 그 말을 들은 여인은 귀가 솔깃해져 물었다.

 "정말인가요? 이 물을 마시면 슬프고 고통스러웠던 기억들이 다 사라지는 건가요? 전 그 지긋지긋한 기억들을 다 지워버리고 싶답니다."

 여인이 물을 마시려고 하자 차론이 다시 말했다.

 "당신이 고생했고 힘들었던 모든 기억들을 잊어버리려 한다면 동시에 성공했고 즐겁고 행복했던 기억들 역시 동시에 모두 사라져버리게 된다는 것을 명심하십시오. 당신이 상처받은 것을 잊고 싶다면 동시에 사랑받았던 기억들도 사라져버린다는 것을······."

 여인은 잠시 생각하더니 물병을 차론에게 다시 건네주었다. 차론은 천천히 노를 저었다. 여인의 고통받고 상처받고 힘들었고 행복했고 그리고 사랑받았던 모든 기억들을 함께 배에 태운 채로······.

강물의 등을 떠밀지 말아라

• • •

다친 달팽이를 보게 되거든 도우려 들지 말아라.
그 스스로 궁지에서 벗어날 것이다.
당신의 도움은 그를 화나게 만들거나
상심하게 만들 것이다.
하늘의 여러 시렁 가운데서
제자리를 떠난 별을 보게 되거든
별에게 충고하고 싶더라도
그만한 이유가 있을 것이라고 생각하라.
더 빨리 흐르라고 강물의 등을 떠밀지 말아라.
강물은 나름대로 최선을 다하고 있는 것.

희망의 봄

사람은 희망에 속느니보다 절망에 속는다.
스스로 만든 절망을 두려워한다.
어떤 일에 실패하면 비관하고
이젠 인생이 끝장난 거라고 생각해버린다.
그러나 어떠한 실패 속에서도
희망의 봄은 달아나지 않고
당신이 오기를
어느 삶의 길목에서
기다리고 있다는 사실을 알아야 한다.
사람의 굳은 뜻으로 못할 일은 없다.

질 수 있는 사람

 인생은 무슨 일이든 승부라고 생각하고, 절대로 질 수 없다고 생각하는 사람이 있다. 성공하기 위해서는 계속 이겨야 한다고 역설한다. 그러나 실제로 계속 승리하기 위한 방법으로 상대가 져주는 것 이외에 가능한 일이 있을까.

 일본의 권투 선수 중에 다츠요시라는 유명한 세계 챔피언이 있다. 단순한 인기인이 아니다. 천성으로 지닌 지지 않겠다는 마음과 유례를 찾아볼 수 없는 복싱 센스로 승승장구하여 세계 챔피언이 되었다. 그러나 같은 일본인 세계 챔피언인 야쿠시 선수와 통일 챔피언전을 겨루어, 처절한 시합 끝에 패했다. 게다가 그 시합에서 망막박리라는, 복싱 선수로서는 치명적인 상처를 입었다. 일본 내에서는 한 번 망막박리가 되면 두 번 다시 링에 설 수 없다는 규칙이 있다. 말하자면, 다츠요시 선수는 일본 내에서의 은퇴를 권고받은 것과 같았다.

패한 채로 은퇴하는 것을 당당하지 못하다고 생각한 그는 미국으로 건너가 망막박리 수술을 받고, 먼저 미국에서 복귀했다. 미국에서는 망막박리가 되어도 수술 후 커미셔너에게 완치되었다는 판정을 받으면 링에 다시 설 수 있기 때문이다. 미국에서 복귀에 성공한 다츠요시 선수는 다시 세계 랭킹 안에 들어갔으며, 특례로 일본 내에서 세계 챔피언전을 가질 수 있도록 일본 커미셔너의 인정을 받았다. 그리고 일본 링으로 돌아온 다츠요시는 훌륭하게 세계 타이틀전을 치러 세계 챔피언으로서 다시 꽃을 피웠다.

이야기가 여기까지라면 불굴의 투지로 다시 살아난 훌륭한 스포츠맨이라는 이야기로 끝이 나겠지만, 다츠요시 선수의 진정으로 훌륭한 점은 여기에서 그치지 않는다.

다츠요시 선수는 챔피언으로서 다시 꽃을 피웠지만, 첫 방어전에 패하여 챔피언 벨트를 빼앗긴다. 어떻게 녹아웃 되었는지, 자기가 진 사실이 기억나지 않을 정도의 큰 타격을 입은 패전이었다. 그러나 여기에서도 투지는 사라지지 않았다. 격렬한 트레이닝을 거듭해서 다시 세계전에 선 그는 결국 링 매트에 쓰러져 은퇴를 결정했다.

은퇴 회견장에서 다츠요시의 진면목이 발휘되었다.

"가족 문제도 있고, 인간으로서 엉망진창이 될 때까지 싸울 수는 없다. 복싱 선수로서의 다츠요시의 인생은 끝났지만, 다츠요시의 인생이 이로써 끝난 것은 아니다."

이 말이 그의 진면목이었다.

힘이 있는 자가 승리하고, 없는 자가 지는 것이 스포츠 세계다. 두 번이나 세계 챔피언이 된 것만으로도 다츠요시 선수의 스포츠맨으로서의 훌륭함은 부정할 수 없다. 챔피언 벨트를 빼앗겼다고 해서 인간으로서 끝장이 난 것은 아니다. 은퇴 기자회견에서 그것이 확실하게 제시되어 있다.

수많은 사람들 중에서 승자라는 한 사람의 걸출한 인간

이 나타난다. 거기에는 반드시 경쟁에 패하는 자, 탈락하는 수많은 사람이 있다.

어떤 의미에서는 냉혹한 경쟁 사회에 우리들이 살고 있는 것이다. 능력 있는 자가 출세하며 성공한다. 없는 자는 구조조정 대상이 되거나 사업에 실패한다. 능력이 없는 사람은 출세하더라도 반드시 보복을 당한다. 행여 출세하더라도 덕망이 없으면 다시 탈락한다.

승자와 패자는 반드시 존재한다. 그러나 패자라고 해서 인간으로서의 능력이 없는 것은 아니며, 패자가 되었다고 해서 거기에서 인생이 끝나는 것은 아니다.

승리만을 목표로 하고, 패배를 인정하지 않는 사람이 있다. 그러나 패배할 수 있는 것도 인생에 도전하는 힘을 가지고 있다는 증명이다. 정말로 주위에 사람들이 모여드는 사람은 도전하는 의지를 상실하지 않는 사람으로, 질 수도 있으며 언제나 질 수 있는 사람이다.

질 수 있다는 것은 도전했다는 증명이다. 인간으로서의 힘과 활기찬 생명력을 잃지 않았다는 것을 얘기한다.

어느 9세기 왕의 충고

- 코막

너무 똑똑하지도 말고, 너무 어리석지도 말라.

너무 나서지도 말고, 너무 물러서지도 말라.

너무 거만하지도 말고, 너무 겸손하지도 말라.

너무 떠들지도 말고, 너무 침묵하지도 말라.

너무 강하지도 말고, 너무 약하지도 말라.

너무 똑똑하면

사람들이 너무 많은 걸 기대할 것이다.

너무 어리석으면

사람들이 속이려 할 것이다.

너무 거만하면
까다로운 사람으로 여길 것이고
너무 겸손하면
존중하지 않을 것이다.
너무 말이 많으면
말에 무게가 없고
너무 침묵하면
아무도 관심을 갖지 않을 것이다.
너무 강하면
부러질 것이고
너무 약하면
부서질 것이다.

걷는 속도를 조금 줄이면

　마음이 편안해지는 시간, 마음 놓고 보낼 수 있는 시간, 그저 멍하니 보낼 수 있는 시간, 가족이나 친구들과 여유 있게 대화할 수 있는 시간을 현재 갖고 있습니까?

　'저는 공과 사에 모두 충실한 균형 잡힌 생활을 실천하고 있습니다'라며 당당하게 말하는 사람도 균형 잡힌 생활에 지나치게 집착하면 무리 하고 있는 경우와 마찬가지로 의외의 함정에 빠져버릴지도 모릅니다.

　잠깐 걸음을 멈추고 지금까지의 생활 습관을 되돌아보는 게 어떨까요?

함께 있으면 마음이 편안해지는 사람은 결코 '바쁘지 않은 사람'이 아닙니다. 실은 '바쁘다, 바빠'라고 말하며 여기저기 뛰어다니는 사람들과 같은 양의 일, 혹은 그 이상의 일이나 용무를 해내고 있는 사람도 적지 않습니다. 그런데 '다른 사람을 피곤하게 만드는 사람'과 다른 점은, 함께 있고 싶어지는 사람은 상황에 따라서 걷는 속도를 바꿀 줄 안다는 점입니다. 다시 말하자면 '숨돌리기에 능숙한 사람'이라고 할 수 있습니다.

일상의 작은 즐거움들은 걷는 속도를 조금 줄이거나 걸음을 멈췄을 때 발견할 수 있습니다. 그리고 좀더 함께 있고 싶어지는 사람은 아무리 바쁜 상황에서도 능숙하게 숨을 돌리며 '즐기는 방법'을 알고 있는 사람입니다.

자기 자신에 대한 요구 수준을 높이 설정할수록 갑갑해지고 낮게 설정할수록 편안해집니다.

100점을 목표로 하는 사람에게 만점 이외의 점수는 모두가 실패입니다. 80점도 커다란 실패, 60점은 치명적인 실패이지요. 덕분에 언제나 만족감을 느끼지 못합니다.

　반대로 낮게 설정한 경우, 사고방식이 완전히 바뀌게 됩니다. 80점으로 설정해놓으면 80점으로 성공, 100점이라면 대성공, 60점을 받는다 하더라도 커다란 실패라고까지는 생각하지 않습니다. 만약 60점으로 설정한다면 마음에 더욱 여유가 생길 테고요.

　비교해보면 알 수 있듯이 100%를 목표로 열심히 노력하는 사람일수록 쉽게 좌절하며 정신적 스트레스도 쉽게 쌓입니다. 그리고 정신이 건전하지 않으면 주위 사람들을 편안하게 해주지 못합니다.

　노력하는데도 인생이 즐겁지 않거나 거기에 더해 사람을 피곤하게 한다면 그것은 손해일 뿐입니다.

　따라서 자신에 대해서도 타인에 대해서도 완벽을 기대하지 않는 것이 좋습니다. 탈100%는 쾌적한 삶을 영위하기 위해서 마음이 요구하고 있는 것이라고도 할 수 있으니까요.

연애란 한 여성이 다른 여성과는 다르다고 하는 망상이다.

멘켄

기회

...

　인생에 있어서 기회가 적은 것은 아니다. 그것을 볼 줄 아는 눈과 붙잡을 수 있는 의지를 가진 사람이 나타나기까지 기회는 잠자코 있는 것뿐이다. 설령 재난이라 할지라도 그것을 휘어잡는 의지 앞에서는 도리어 무한한 가능성이 열려 있다.

　우리는 우리가 상상하는 이상으로 우리 자신의 힘 속에 자신의 운명의 열쇠를 가지고 있는 것이다.

두 가지의 의지

• • •

사람에게는 두 가지의 의지가 있다. 하나는 위로 올라가는 의지이고, 하나는 아래로 내려가는 의지이다. 이 두 가지는 우리 내부에서 서로 싸우고 있다. 한편에서는 모든 향락을 쫓아버리라고 소리치고 한편에서는 마음껏 향락을 즐기라고 유혹한다. 위로 향하는 의지를 쫓을 것인가, 아래로 떨어지는 의지에 몸을 맡길 것인가, 그것을 결심하는 것은 당신 자신이다.

내가 촛불을 켜는 까닭은 김윤덕

내가 촛불을 사랑하는 까닭은…….

죽은 빛 같은 전기의 불빛이 싫어서이다. 아니 사용할 수 없어 할 수 없이 사용하고 있지만 난 전깃불이 싫다.

특히 수은등은 생명력이 너무 없다 싶은 적이 한두 번이 아니다. 해서 낮에야 어쩔 수 없지만 밤에 이렇게 혼자 있는 시간이면 자주 촛불을 켜놓는다.

내가 촛불을 사랑하는 까닭은…….

모두 잠든 정적 속에서 나의 친구가 되어주기 때문이다.

때론 아무 말없이 잔바람에 옅게 흔들리는 그놈을 한 시간이고 두 시간이고 말없이 쳐다보는 일도 있다. 그리고 그놈과 난 많은 이야기를 나눈다.

내가 촛불을 사랑하는 까닭은…….
작은 상황에도 늘 흔들리는 나처럼 잠시도 가만 있지 않고 늘 흔들리기 때문이다. 늘 그렇게 흔들리면서 또 역설적으로 살아 있음을 절실히 느끼게 해주는 까닭이다.

오늘은 술을 제법 마시고 들어왔는데도 눈이 맑아져버려 그냥 하염없이 앉아 새벽을 맞고 있다. 그리고 여전히 촛불은 정답게 내 곁을 지켜주고 있다. 저리 조용히…….
어느 발라드 가수는 촛불을 가리켜 외로움을 태운다고 했는데 그 말은 틀린 말인지도 모른다.
촛불은 자신의 몸을 스스로 녹여 가장 찬란히 빛을 발한다. 그리고 가장 최후의 순간을 잠깐 반짝하며 한 번 더 강한 빛을 발하고는 생명을 마감한다. 외로움을 태우는 것이 아니라 외로움을 덮어준다. 작은 따스함으로 곱게 감싸안아준다.

이 또한 내가 촛불을 사랑하는 한 까닭이다.

난 촛불을 보면서 가끔 생각하곤 한다. 나의 마지막 날은 이 촛불처럼 그리 살다갈 것이라고……. 비록 작은 빛이라도 비추이고 살다가 마지막 사위기 전 더욱 화려하게 마지막 빛을 발하며 찬란하게 산화하듯이, 내 삶 역시 작은 빛이라도 비추어 외로운 세상을 작은 따스함으로 덮다가 내 마지막 날 촛불처럼 깔끔하고 찬란하게 살다갈 것이라고…….

조만간 시장에 나가 초를 한 움큼 또 사다놔야 할 모양이다. 요즘 들어 또 눈이 맑아져 그냥 새벽을 맞는 일이 잦아졌기에…….

소리를 낮추어라, 사랑을 말하려거든.

셰익스피어

우정에 대하여

- 칼릴 지브란

친구란 그대들의 궁핍을 충족시켜주는 존재이다.
사랑으로 씨를 뿌려
감사로써 수확하는 그대들의 들,
또한 그대들의 식탁이며 아늑한 집이다.
그대들은 굶주린 채 그에게로 와서
평화를 찾는다.
그대들의 친구가 속마음을 얘기할 때
그대들은 자기만의 생각으로
'아니야'라고 말하는 것을 두려워하지 말며,
'그렇지'라는 말을 억누르지도 말라.

그가 말없을 때라도
그대들의 가슴은 그의 가슴의 소리를 듣도록 하라.
말없이,
우정 속에서는
모든 생각, 모든 욕망, 모든 기대가
갈채받지 않아도
기쁨으로 태어나고 나누어지는 것.

그대들 친구와 헤어질 때에도 슬퍼하지 말라.
왜냐하면 그대들 친구에게서 가장 사랑하는 점
그것은 그가 없을 때
더욱 선명히 드러날 것이기에,
마치 산을 오르는 이에게
산은 벌판에서 더욱 선명하게 보이듯이.
그리고 우정에 결코 영혼의 심화 외에

어떤 목적도 두지 말라.
왜냐하면 자기의 신비를 드러내는 것 외에
또 다른 무엇인가를 찾는 사랑은
이미 사랑이 아니기에,
다만 던져진 그물에 불과할 뿐,
오직 무익한 것만이 걸려드는 그물.

그러므로 그대들 친구를 위해서는
최선을 다하라.
그가 그대들의 마음의 조수의 썰물 때를 안다면
밀물 때도 알게 하라.
다만 시간을 보내기 위하여 찾는 친구,
그런 친구가 무슨 소용이 있는가?
언제나 시간을 살리기 위하여 친구를 찾아라.
그대들의 요구를 만족시킴은

곧 그의 요구도 만족시키는 것,

결코 그대들의 공허를 채우는 것은 아니기에.

그리하여 부드러운 우정 속에

웃음이 깃들도록 하고 기쁨을 나누라.

하찮은 이슬방울 속에서도

마음은 아침을 찾아내고 다시 불타오르기에.

기회라는 이름의 동물

 조물주가 여러 피조물의 특성에 맞는 영혼을 만들고 이름을 정해주었다. 그리고 그에 맞는 몸을 만들어주기 위해 모든 피조물들을 한자리에 불러들였다.

 "모두 듣거라, 내가 너희들의 영혼을 만들고 이름을 지어주었다. 이제 너희들이 원하는 육체를 만들어 너희들을 지상에 내려가 살게 할 터이니 너희들이 바라는 바를 말해 보거라."

 조물주의 자상한 배려에 피조물들은 앞다투어 자신이 가지고 싶은 육체에 관해서 이야기하기 시작하였다.

먼저 생쥐가 나섰다.

"천지의 주인이며 저를 만든 분이여, 저는 생쥐라고 합니다. 저는 천성이 게을러서 여기저기 돌아다니며 먹잇감을 찾는 것이 싫습니다. 저는 그저 다른 피조물들이 모아둔 먹이를 조금 나누어 먹을 테니 제게 남의 눈에 잘 안 띄는 작은 몸과 만약 남에게 들켰을 때 빨리 도망갈 수 있도록 빠른 발을 주옵소서."

"그래? 네가 정 그렇게 원한다면 그렇게 해주마. 너에게 작은 몸과 빠른 발을 줄 터이다."

조물주는 생쥐의 청을 들어주었다.

"그러나 한곳에 오래 머물면서 많은 먹이를 먹으려고 욕심을 부리지 말라고 너에게 남의 눈에 잘 띄는 긴 꼬리도 같이 줄 터이니, 지나치게 욕심 부리지 말고 네 분수를 잊지 말고 살거라."

조물주는 흙을 빚어 생쥐의 모습을 만들어 생쥐를 땅으로 내려보냈다.

이번에는 사자가 조물주 앞에 엎드렸다.

"위대한 조물주이시여, 저는 앞서 몸을 얻은 생쥐처럼 비굴하게 살기 싫사옵니다. 부디 제게 모든 피조물보다 강한 힘을 주시옵소서."

"그래, 네가 그렇게 간곡히 부탁하니 내가 네 청을 들어주마. 네게는 어떤 피조물보다 강한 이빨과 손톱을 주고 힘센 근육을 주겠다."

사자가 간곡히 부탁하자 조물주는 사자의 청도 들어주었다.

"하지만 힘만 믿고 교만하지 않도록 네게는 풀을 소화하지 못하는 완전치 못한 위를 줄 터이다. 그러니 힘들여 먹이를 사냥하여 그것을 먹고살거라."

조물주는 흙으로 용맹한 사자의 모습을 만들어 지상으로 내려보냈다.

사자가 떠나자 꾀꼬리가 조물주 앞에서 고운 목소리로 노래를 불렀다.

"오호, 목소리가 참으로 곱구나! 그래, 너는 어떤 육체를 가지고 싶으냐?"

꾀꼬리는 조물주에게 고운 목소리로 아뢰었다.

"저는 지상에서 여러 피조물들에게 제 고운 목소리를 들려주고 싶습니다. 그러니 제게 알맞은 육체를 만들어주옵소서."

조물주는 욕심 없는 꾀꼬리의 청이 기특하여 꾀꼬리를 축복하였다.

"욕심 없는 네 마음이 가상하구나. 내 너에게 고운 육체와 세상 이곳저곳을 자유롭게 오갈 수 있는 날개를 줄 테니 항상 고운 노래를 불러 내 피조물들에게 즐거움을 주거라."

조물주는 흙을 빚어 꾀꼬리를 만들고는 지상으로 날려보냈다.

꾀꼬리가 노래를 부르며 날아가자 다음으로 밍크고래가 조물주에게 청했다.

"전 생쥐처럼 숨어다니기도, 사자처럼 사냥감을 쫓아다니기도, 그렇다고 꾀꼬리처럼 노래를 부르기도 싫습니다. 전 단지 남에게 쫓기지 않고 먹고 싶은 것을 마음껏 먹고 싶은데 그런 육체를 가질 수 있을까요?"

밍크고래의 청에 조물주는 한참을 고심한 후 밍크고래의 청을 들어주었다.

"까다로운 청이구나. 그래도 너는 나의 사랑하는 피조물이니 내 너의 청을 들어주겠다. 너에겐 어떤 피조물에게도 쉽게 쫓기지 않을 아주 커다란 몸집과 네가 원하는 작은 먹이들을 많이 먹을 수 있는 큰 입을 주겠다. 하지만 너보다 작은 것을 업신여기지 않도록 네게는 이빨을 주지 않을 터이니 작은 피조물도 소중히 여기며 살거라."

조물주는 많은 양의 흙으로 밍크고래를 만들어 바다에 놓아주었다.

그렇게 모든 피조물들이 다 자신에게 맞는 육체를 가지고 지상에 내려왔고 마지막 남은 피조물이 조물주에게 아뢰었다.

"위대한 조물주시여, 저는 원하는 것이 많습니다. 생쥐처럼 빠른 발도 필요하고 사자처럼 힘센 근육도 필요하고 꾀꼬리처럼 고운 목소리와 날개도 필요하고 밍크고래처럼 커다란 덩치도 필요합니다."

 기회라는 피조물의 청에 조물주가 곰곰 생각해보니 그 모습이 곱지 않았다. 그래서 다른 청을 하라 말하였으나 기회는 욕심을 버리지 않았다.

 "좋다, 이 녀석아! 네 청을 다 들어주마. 넌 너의 육체 때문에 모든 피조물들의 선망이 될 것이다. 하지만 너의 그 욕심을 경계하고자 너를 맞을 준비가 되지 않은 피조물 앞에서 너는 물거품이 될 것이다."

 조물주는 보이지 않는 흙으로 기회를 만들어 지상에 내보냈다.

 기회는 생쥐처럼 잘 숨기도 하고, 꾀꼬리처럼 고운 소리를 내기도 하지만 곧 날아가버린다. 그러나 정작 중요한 것은, 기회는 준비되지 않은 사람에게는 절대 잡히지 않는다는 것이다.

거울은 먼저 웃지 않는다

만담가인 우쓰미 케이코씨. 그의 세 번째 아버지는 이발사이다. 그래서일까? 아버지가 입버릇처럼 하는 말이 재미있다. '내가 웃으면 거울이 웃는다'였단다.

우쓰미 씨는 이 말을 좋아해서 그때부터 이 말을 자신의 좌우명으로 삼고 있다고 한다.

나도 나만의 격언을 가지고 있다.
'거울은 먼저 웃지 않는다.'

언제 어디서나 먼저 웃음을 보이는 삶을 살고 싶다고 나 자신을 타이른다.

단순하지만 빛나는 지혜

• • •

귀 기울여 듣는 힘은 매우 간단하다.
만약 우리가 어린이의 말이나 강물, 음악, 폭포수
또는 샘물소리에 귀 기울인다면
우리가 정말로 귀 기울여 듣는다면
그때 우리는 넉넉하게 그 순간을 사는 것이고
그 순간의 힘인 삶의 힘과 생생하게 연결되는 것이다.
귀 기울여 듣는 것은 '지금의 힘'과 연결되는 것이다.
그것은 문을 열어보는 것이다.
그것은 다른 사람들
우리 자신 그리고 삶과의 새로운 관계를 맺는 것이다.

늙은 말과 개미의 지혜

 전쟁터에서 승리를 거두고 돌아오던 어느 장군과 군사들이 들판에서 길을 잃었다. 한참 동안 길을 찾기 위해 애쓰고 있는데 군사들 중 나이가 제일 많은 한 노인이 앞으로 나오더니 장군에게 말했다.
 "여기에 있는 말 중 제일 늙은 말을 구해주십시오."
 장군이 늙은 말을 데려오자 노인은 늙은 말의 고삐를 풀어주고는 그 뒤를 따라갔다. 그리고 한참을 가자 마침내 길이 나타났다.
 또 한 번은 산속을 진군하고 있었는데 물이 떨어져 군사들이 갈증으로 몹시 시달리게 되었다.

그러자 예의 그 노인이 나서서 장군에게 말했다.

"개미집을 찾아보십시오. 개미집 아래쪽을 파면 물이 있다고 들었습니다."

노인의 말을 좇아 군사들이 개미집을 찾아 그 밑을 파보니 과연 노인의 말대로 맑은 물이 있었다.

춘추시대, 오패의 한 사람이었던 제나라 환공桓公 때의 일이다. 어느 해 봄, 제환공은 명재상인 관중管仲과 대부 습붕濕朋, 그리고 많은 중신들과 함께 군대를 이끌고 고죽국孤竹國을 토벌하러 갔다. 그런데 전쟁이 의외로 길어지는 바람에 그해 겨울에야 돌아오게 되었는데 살을 에는 찬바람과 악천후 속에서의 행군이라 도중에 길을 못 찾아 헤매게 되었다. 지독한 추위 속에 덜덜 떨며 쩔쩔매고 있을 때, 관중이 앞으로 나서더니 말했다.

"늙은 말의 본능과 지혜로 길을 찾으리라."

관중이 짐말 중에서 한 마리 늙은 말을 골라 수레에서

풀어주었더니 말은 잠시 두리번거리며 길을 찾는 듯하였다. 그러더니 잠시 후 어느 방향으로 걷기 시작했다. 관중을 비롯한 군사들은 그 말의 뒤를 따라갔는데, 과연 얼마 후 길을 발견할 수 있었다.

한번은 산골을 행진할 때였다. 군사들은 가지고 있던 물을 모두 마셔버린 상태였는데 가도 가도 냇가는커녕 샘조차 발견할 수가 없었다. 군사들은 목마름에 허덕여 더이상 한 걸음도 전진할 수가 없는, 매우 고통스런 상황에 이르렀다.

그때 습붕이 말했다.

"개미는 겨울에는 산 남쪽에 집을 짓고, 여름에는 산 북쪽에 집을 지을 정도로 영리하다네. 그러므로 개미집이 있는 곳이면 그 밑으로 여덟 자 되는 곳에는 물이 있다고 하지."

습붕이 부하로 하여금 개미집을 찾아 그 아래 땅을 파게 하자 과연 물이 솟아나왔고 전군이 목을 축일 수 있었다.

한비자는 이 일화에 대해 다음과 같이 말하고 있다.

"현명하고 덕이 높기로 유명한 관중과 습붕조차도 모르는 것에 부딪치면 하찮은 말이나 개미를 스승으로 삼기를 꺼려하지 않았다. 그런데 지금 사람은 어리석은 존재임에도 불구하고 잘난 척하며 성인의 지혜를 배우려 들지조차 않는다. 이 얼마나 어리석은 짓인가!"

이 일화는 아무리 하찮은 사람에게도 뭔가 장점이 있으므로 함부로 무시하지 말고 배우라는 의미이다.

행복해진다는 것

– 헤르만 헤세

인생에 주어진 의무는 다른 아무것도 없다네
그저 행복하라는 한 가지 의무뿐
우리는 행복하기 위해 세상에 왔지
그런데도 그 온갖 도덕 온갖 계명을 갖고서도
사람들은 그다지 행복하지 못하다네
그것은 사람들 스스로 행복을 만들지 않는 까닭
인간은 선을 행하는 한 누구나 행복에 이르지
스스로 행복하고 마음속에 조화를 찾는 한,
그러니까 사랑을 하는 한……
사랑은 유일한 가르침,

세상이 우리에게 물려준 단 하나의 교훈이지
예수도, 붓다도, 공자도 그렇게 가르쳤다네
모든 인간에게 세상에서 한 가지 중요한 것은
그의 가장 깊은 곳, 그의 영혼,
그의 사랑하는 능력이라네
보리죽을 떠먹든 맛있는 빵을 먹든
누더기를 걸치든 보석을 휘감든
사랑하는 능력이 살아 있는 한
세상은 순수한 영혼의 화음을 울렸고
언제나 좋은 세상
옳은 세상이었다네

나는 나일 뿐이다

슐츠는 학교 생활 중에 늘 낙제하는 과목이 있었습니다. 그것이 누적되어 중학교 3학년이 되어서는 모든 과목에서 낙제하고 말았습니다. 겨우 들어간 고등학교에서도 가장 중요한 수학, 영어는 늘 낙제였고 심지어 물리는 빵점이었습니다.

그는 운동에도 소질이 없었습니다. 그래도 의무적으로 한 가지 종목에는 들어가야 했기에 골프를 선택했습니다. 그는 부서별 시합이 있으면 시합 때마다 졌고, 패자부활전에 나가서도 또 패자가 되는 신세였습니다. 그는 대인 관계도 잘 맺지 못해서 그를 알아보는 사람은 거의 없었습니다. 게다가 데이트 한 번 해보지 못하고 청춘을 보낸 사람이었습니다.

하지만 그는 아무것도 할 줄 모르는 그런 자신을 그대로 인정하고 평범하게 살기로 작정했습니다. 그런 그가 잘하는 것이 하나 있었는데, 그것은 그림을 그리는 것이었습니다. 하지만 그 재능을 알아주는 사람도 자신뿐이었습니다.

어느 날 그는 용기를 내어 월트디즈니사에 자신의 그림을 보냈습니다. 그러자 주제가 있는 그림들을 그려서 다시 보내라는 연락이 왔습니다. 그는 이번에 드디어 재능을 인정받을 때가 되었다는 생각에 혼신의 힘을 다해 그림을 그려 보냈습니다. 그리고 월트디즈니에서 연락이 왔습니다.

'미안합니다······.'

또 실패한 것이었지요. 그의 인생은 그야말로 황무지였습니다. 그의 인생은 풀 한 포기조차 나지 않는 광야였습니다. 자신이 세상을 살아가기 위해 붙잡을 재능이라고는 아무것도 없었습니다.

그래서 그는 자신처럼 메마른 인생이 세상에 있었다는 사실을 알리고 죽어야 한다는 생각으로 자신을 주인공으로 한 자서전을 만화로 그렸습니다.

그 주인공 역시 어릴 때부터 항상 지기만 하는 사람이었습니다. 어떠한 일을 해도 안 되고, 단 하나도 성공하지 못하는 사람의 생활을 그림으로 그린 것입니다. 그 만화 주인공이 바로 전세계적으로 인기를 얻은 〈찰리 브라운〉이었습니다.

슐츠는 자신의 타고난 개성을 인정하기 싫었습니다. 사람들이 그의 참모습을 보면 모두 외면할 것이라는 생각 때문이었지요. 그는 자신이 아닌 다른 사람이기를 기대하였습니다. 그러나 그가 세상에 자신의 참모습을 드러냈을 때, 세상의 모든 사람들은 그를 사랑하게 되었습니다.

욕심이 불같이 타오르면 그것이 바로 불구덩이요,
탐애에 빠지면 그것이 곧 고해가 된다.
생각이 맑고 깨끗하면 거센 불길도 연못이 되며,
마음에 깨달음이 있으면 배는 저 언덕에 오른다.

세상에서 가장 강한 것

　세상에는 열두 가지 강한 것이 있다. 첫째, 돌이다. 그러나 돌은 쇠로 파괴된다. 쇠는 불에 녹는다. 불은 물로 꺼져버린다. 물은 구름 속에 흡수된다. 그 구름은 바람에 날려간다. 그런데 바람은 결코 사람을 날려보낼 수 없다. 그러나 사람은 두려움 때문에 비참하게 된다. 두려움은 술로 없앨 수 있다. 술은 잠에 의해서 깨게 된다. 그 잠은 죽음만큼 강하지 않다. 그러나 이러한 죽음조차 사랑을 이겨내지는 못한다.

사랑은

...

　사랑은 갈망하고, 무서움을 회피한다. 같은 사람에게서 사랑을 받는 것과 동시에 존경을 받을 수 없는 것은 그 때문이다. 왜냐하면 존경한다는 것은 권력을 인정하는 것이기 때문이다. 사랑은 권력을 무서워한다. 그래서 사랑은 권력이 없다. 상하를 구별하지 않으며, 다만 갈라설 뿐이다. 사랑은 공경을 하지 않으므로 명예심이 강한 사람들은 사랑받는 것에 반항적이다.

아버지의 선물 김홍식

 대학을 졸업하는 우성은 졸업 선물로 멋진 차를 받고 싶어했습니다. 그는 취업하면 할부금을 자신이 갚는 조건으로 아버지를 설득했고, 여기저기 다니며 구경하다가 정말 마음에 드는 차를 발견했습니다.

 우성이 아버지에게 말씀드리자 아버지는 고개를 끄덕이셨습니다. 우성의 지금까지의 경험으로 보아 아버지가 안 된다는 말을 하지 않은 것은 허락이나 다를 바가 없었습니다.

 우성은 이제 졸업과 함께 꿈에 그리던 차를 갖게 될 것입니다. 졸업식이 끝나고, 친구들과 뒷풀이도 마치고, 졸업의 하이라이트인, 아버지가 사다놓았을 차를 보기 위해 집으로 들어갔습니다. 자신이 말했던 차의 열쇠를 선물받길 기대하며 집으로 돌아왔을 때, 아버지가 그에게 내민 것은 예쁘게 포장된 성경책이었습니다.

우성은 아버지에게 너무나 큰 배신감을 느꼈습니다. 아버지는 자수성가한 사람이라 검소하고 절대 낭비하지 않는 분이라는 것은 알고 있었지만, 아들과 한 일생일대의 약속을 지키지 않았다고 생각하니 참을 수 없이 화가 치밀어 올랐습니다.

우성은 아버지가 보는 앞에서 성경책을 바닥에 집어던지고는 집을 나와버렸습니다. 그리고 스스로 성공하기 전까지는 집에 들어가지 않겠다는 결심으로 혼자 살아갔습니다.

몇 년이 흘러, 갑자기 아버지가 돌아가셨다는 소식을 듣고 우성은 집으로 돌아왔습니다. 그런데 자신의 방에는 아직도 그 성경책이 놓여 있었습니다. 그는 이제 차를 사달라는 아들에게 성경책을 주시던 아버지의 마음을 이해할 수 있을 것 같았습니다. 좀더 일찍 아버지를 찾아오지 못한 것이 후회스러울 뿐이었습니다.

우성은 먼지에 덮인 성경책을 펼쳐보았습니다. 그런데 그 안에, 자신의 졸업 날짜가 기록된 수표가 들어 있는 게 아니겠습니까. 그리고 수표에는 자신이 원하던 차를 사고도 남을 금액이 적혀 있었습니다.

우성은 그 수표를 꼭 쥔 채 자신의 급하고 어리석었던 행동을 후회하였지만, 이미 지나간 시간을 돌이킬 수는 없었습니다. 친구들보다 빨리 자신의 차를 타고 싶어했던 욕망이 아버지와 자신의 마음에 씻을 수 없는 상처를 남기고 말았던 것입니다.

지나친 욕구와 욕망은 사람을 조급하게 하고 성급하게 만듭니다. 한 번만 더 생각하고, 주의 깊게 살펴보면 쉽게 해결될 일을, 돌이킬 수 없는 상태에까지 이르게 합니다. 1등이 되겠다는 생각, 남들보다 더 잘 되겠다는 생각, 자신은 특별한 사람이 되어야 한다는 생각이 우리를 피곤하게 합니다. 이러한 생각만 버려도 우리의 인생은 훨씬 즐겁고 순탄해질 수 있습니다.

사랑은 조용히 오는 것

- G. 벤더빌트

사랑은 조용히 오는 것
외로운 여름과
거짓꽃이 시들고도
기나긴 세월이 흐를 때

사랑은 천천히 오는 것
얼어붙은 물속으로 파고드는
밤하늘의 총총한 별처럼
지그시 송이송이
내려앉는 눈과도 같이
조용히 천천히

땅속에 뿌리박은 밀

사랑의
열은
더디고 조용한 것
내려왔다가 치솟는
눈처럼
사랑은 살며시 뿌리로 스며드는 것
조용히 씨앗은
싹을 틔운다.
달이 커지듯 천천히.

자기 수양

당나라 시인 이백은 아버지의 임지인 촉나라의 성도에서 어린 시절을 보냈다.

훌륭한 스승을 찾아 상의산에 들어가 공부를 하던 그는 어느 날 공부에 싫증을 느껴 스승에게는 아무 말도 하지 않은 채 산을 내려와버렸다. 이백이 냇가에 이르렀을 때, 도끼를 들고는 바위에다 열심히 갈고 있는 한 노파를 보았다. 이백이 노파에게 물었다.

"할머니, 지금 뭐하고 계십니까?"

"바늘을 만들기 위해 도끼를 갈고 있는 중이라네."

"저렇게 큰 도끼를 갈아서 어느 세월에 바늘을 만들겠어요?"

"반드시 만들어질 게야. 중도에 그만두지만 않는다면 말이야."

이백은 중도에 그만두지만 않는다면 바늘은 반드시 만들어지리라는 말을 듣고 크게 느낀 바 있어 다시 산으로 올라가 수업에 정진했다.

과거에 낙방한 젊은 선비가 어떤 집 앞을 지나가는데 한 할머니가 커다란 쇠 절굿공이를 돌에 문지르고 있는 게 보였다.

이를 이상하게 여긴 선비가 할머니에게 물었다.

"할머니, 지금 무얼 하고 계시는 겁니까?"

그러자 할머니는 젊은이를 쳐다보지도 않고 대답했다.

"집에 바늘이 없어서 이걸 갈아 바늘을 만들려는 걸세."

그 말을 듣고 선비가 어이없다는 듯 웃자 할머니가 정색을 하며 말했다.

"그렇게 웃을 일만은 아니라네, 젊은이. 무엇이든지 열심히 노력하면 쇠로 만든 절굿공이도 언젠가는 바늘이 되는 법이야."

할머니의 말을 들은 젊은 선비는 깨닫는 것이 있어 열심히 분발했고 마침내 이듬해 장원급제하였다.

옛날 과거에 일곱 번씩이나 거듭 떨어진 어떤 사람이, 자신보다 학문이 짧은 사람이 과거에 급제하는 것은 이 세상이 불공평하기 때문이라고 생각하여, 책을 팽개치고 옥황상제를 찾아가 울분을 터뜨렸다.

이에 옥황상제는 그 사람 앞에 운명신神과 노력신을 불러 술시합을 시켰다.

그 결과 노력신은 석 잔 만에 쓰러졌고 운명신은 일곱 잔 만에 쓰러졌다.

그러자 옥황상제가 말했다.

"네가 보았듯이 인생의 일이란 십 중 삼十中三을 노력이 지배하고 십 중 칠十中七은 운명이 지배하는 법이다. 고로

십 중 삼을 노력하면 언젠가는 십 중 칠이 찾아오는 법이니라."

　이에 크게 깨달은 그는 옥황상제에게 감사의 뜻을 표하고 집으로 돌아와 팽개쳤던 책들을 다시 챙겨 학문을 닦는 데 게을리하지 않았다.

낙타와 개미

낙타 한 마리가 초원 지대에서 풀을 뜯어먹다가 자신의 발치에서 기어가고 있는 자그마한 개미를 발견하였다. 개미는 자신의 몸보다 열 배는 더 클 것 같은 커다란 나뭇잎을 나르고 있었다. 낙타가 개미에게 물었다.

"보면 볼수록 놀랍구나. 너는 그 잎이 네 덩치보다 열 배나 크다는 사실도 모르는 것처럼 묵묵히 나르고 있구나. 나는 이 두 개의 주머니만으로도 힘이 들어 쓰러질 지경인데 말이다. 도대체 어떻게 그럴 수 있지?"

개미는 잠시 숨을 돌리더니 대답했다.

"나는 내 자신과 내 부족을 위해 일하지만 넌 네 주인을 위해서 일하잖니? 그게 바로 너와 내가 다른 점이지."

왕위를 거절한 사람

...

요堯임금이 허유許由에게 왕위를 물려주려고 했다.

그러나 허유는 고개를 가로저었다.

"그대의 덕으로 지금 태평성대를 이루고 있지 않은가. 그런데도 그대를 대신해서 천자가 되라고 한다면 그것은 그대가 그대 자신의 덕을 더 높게 보이기 위해 자리를 양보했다는 뜻이 되네. 내게 천자라는 것은 헛된 이름일 뿐일세. 뱁새는 울창하고 큰 숲에 살아도 나뭇가지 하나에 머물 뿐이고, 시궁창에 있는 쥐는 큰 강의 물을 마셔도 그 작은 배 하나를 채울 뿐이라네. 나는 지금 이대로가 좋네."

내가 버리고 가고 싶은 것들 김윤덕

새해를 맞으면 내가 버리고 가고 싶은 것은 먼지뿐이다.
새해를 맞으면 내가 버리고 가고 싶은 것은 감기뿐이다.
그 외엔 정말 없다.
일부러라도 좀 멋있게 새해를 맞아보려고 눈 씻고 곰곰 생각해봐도 도저히 찾을 수 없었다.
내가 잘나서가 아니다.
내가 지금 무척 잘 살고 있다고 믿어서도 아니다.
내 삶이 자랑스러워서도 결코 아니다.
버리고 가면 더 나아질 것인가에 대해 그저 생각해본 것뿐이다.

아무리 생각하고 또 생각해봐도 지금 내가 가지고 있는 것들, 지금 내 삶을 영위하고 있는 것들을 버리고 새것을 얻는다한들, 난 더 행복해질 것이라 생각되지도 믿어지지도 않기 때문이다.

40년 넘게 나름대로 발버둥치고 허덕이며 달려왔는데, 새로이 또 무엇을 뜯어고친다 해서 별스레 나아질 것도 없을 것이다.

내 버릇, 내 고집, 내 것, 무엇 하나도 그냥 저절로 생긴 것이 아니다.

내 취미, 내 기호, 무엇 하나도 그냥 길에서 거저 얻은 것이 아니다.

세월에 묻혀 하나씩, 바람에 실려 조금씩, 그렇게 하나 하나 쌓여 이룩된 것이다. 결코 그냥 저절로 생겨나는 것은 없는 법.

아픔과 기쁨, 사랑과 미움, 이런 것들이 내 속에서 수많은 반복과 윤회를 거듭한 끝에 한 올 한 올, 한 땀 한 땀, 그렇게 수놓아진 것이리라.

그래서 비록 나의 것들이 남들이 보기에 남루하다 할지라도 나는 하나도 버리지 않으련다.

그냥 이대로 천 년이든 만 년이든 가지고 갈 것이다.

새로 태어나는 것도 싫고 새삼 버리고 가는 것도 싫다.

그냥 흘러가는 물이 되어 그렇게 자연스럽게, 너무 요란하지도 새삼스럽지도 않게 그렇게, 오는 날들을 그저 담담하게 그렇게…….

내 모습 이대로, 이지러진 곳은 이지러진 대로, 모난 것은 모난 대로, 내 가족, 내 친구들, 내 생활들 어느 것 하나 버리지 말고 다 보듬어 싸안고서 아주 담백하게 고요하게 그렇게 맞이할 것이다. 무슨 일이 있냐는 듯 태연하게 그렇게…….

언젠가 모 일간지에서 <한해를 보내면서>라는 타이틀로 '새해에는 이것만은 버리고 가자'라는 제목으로, 사회 각계각층 유명인사들이 한마디씩 써놓은 글을 보았다.

버리고 갈 것들이 어찌 그리도 많은지…….

해서 나도 문득 생각해보았다. 그런데 그 결과가 어이없게도 눈 씻고 찾아보려 해도 도저히 찾을 것이 없었다.

더이상은 아무 할 말도 없었다.

인생찬가

– 롱펠로우

나에게 슬픈 곡조로
인생은 한낱 공허한 꿈이라고 말하지 말라.
잠자는 영혼은 죽은 영혼,
만물은 겉보기와는 다른 것.

삶은 진지한 것! 삶은 엄숙한 것!
결코 무덤이 그의 목표는 아닌 것.
본디 흙으로 된 존재이니,
그대는 다시 흙으로 돌아가야만 된다는 말은
우리의 영혼을 두고 한 말이 아니다.

예술은 길다지만 세월은 덧없이 흐르는 것.
오늘 우리의 가슴은 튼튼하고 용감하지만,
우리는 지금 이 순간도 죽음을 향하여,
소리 없이 행진하고 있다는 사실만큼은
아무도 부인하지 못하리라.

인생의 광대한 싸움터에서,
인생의 야영장에서,
말없이 쫓기는 가축의 무리는 되지 말자!
이 투쟁에 앞장서는 영웅이 되자!

미래는 믿지 말자,
그것이 아무리 달콤하다 할지라도!
지나간 일은 지나간 일로 돌리자!
활동하자,

살아 있는 현재를 위하여 활동하자!
가슴속에 용기를 품고,
하늘 위엔 하느님이 계시다는 신념을 가지고!

위대한 우리의 선조들은
우리도 노력하면
우리의 삶이 거룩한 것이 될 수 있다는
모범을 남겨주었다.
이들은 또, 이 삶을 뒤에 두고 떠나면서
인생의 모래밭 위에 발자국을 남겨주었다.

수많은 우리의 형제들이
이 험난한 인생의 항로를 달리다가,
풍랑을 만나 구조는 끊어지고 절망에서 허덕일 때,
이들이 남긴 발자국은

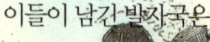

절망에서 우리를 구해주는 등불이 되리!

자, 우리 모두 일어나 활동하자.
우리 앞으로 어떤 운명이
우리를 기다리고 있다 하더라도

이루고 또 추구하면서,
일하는 것도 배우고 기다리는 것도 배우자.

나를 용서하는 것은
모든 것을 용서하는 것

당신은 아직도 이렇게 생각하고 있나요?

'나는 지금까지 하고 싶은 말도 하지 않고 살아왔다. 늘 참고 인내했다. 그럼에도 실패만 거듭했다.'

이렇게 생각하는 당신, 하지만 나는 그런 당신이 정말 좋습니다.

그래도 괜찮다고, 아니 좋다고 생각합니다. 그러므로 당신도 '하고 싶은 말을 하지 못하는' 당신을 용서해주세요. '자꾸만 참고 마는' 당신을 용서해주세요. 만일 '실패만 하는' 당신이라면 꼭 끌어안으며 당신을 용서해주세요.

지금 당장 당신을 바꿀 필요는 없습니다.

'변신!' 하고 외침과 동시에 다음 순간부터 전혀 다른 인생을 살 필요는 없습니다.

지금까지 당신은 지금까지의 방식으로 살아왔고 살아오면서 조금씩 변해왔으며 지금도 그러면서 살고 있습니다. 그것만으로도 충분히 당신은 사랑스런 존재가 아니겠습니까. 그러므로 현재의, 지금의 당신 자신에 대해 걱정할 필요는 조금도 없습니다.

'내일의 나'가 걱정이라면 '지금의 나'를 용서하고 진심으로 사랑해주는 일부터 시작해봅시다.

만일 자신을 용서하고 자신을 사랑하지 않으면 당신은 자신의 아름다움만 모르는 것이 아닙니다. 청명한 하늘, 반짝이는 별의 감동, 숨쉬는 것의 경이로움, 바람이 수목과 속삭이는 설렘, 꽃들의 화려한 외출, 비오는 날의 포근함 등 당신을 둘러싼 모든 사물의 아름다움도 보지 못합니다. 물론 친구와 부모 형제, 그리고 주위 모든 사람들의 아름다움도 알지 못한 채 세월을 보낼지 모릅니다.

왜냐하면 당신 주위의 모든 사람과 사물은 바로 당신을 비추는 거울이기 때문입니다. 자연과 사물, 인간 모두 당신의 마음을 비추고 있기 때문입니다.

그러므로 간절히 바랍니다. 당신이 당신의 마음속에서 당신을 용서하고 사랑해주세요.

비록 당신이 대단한 존재는 아니더라도 따뜻한 마음으로 살고 있는 사람일지도 모릅니다. 그런 당신이라면 길바닥에 조그맣게 피어 있는 꽃, 작은 벌에게 꿀을 빨게 하는 꽃을 아름답다고 느낄 것입니다.

실패하고 또 실패해도 포기하지 않고 쉬지 않고 노력해 온 당신이라면 잡초실은 이 세상에 '잡초'는 없다고 생각합니다. 모두 훌륭한 이름이 있는 화초입니다만를 아름답다고 느끼겠지요.

어쩌면 아주 미미한 존재일지 모를, 어쩌면 위축되어 있을지 모를 자신을 용서하고 마음으로부터 사랑해줍시다.

왜냐하면 당신이 당신 자신을 용서하고 사랑하는 것은 당신 주위에 존재하는 모든 것을, 당신을 만나는 모든 사람을 사랑하고 용서하는 것과 마찬가지이기 때문입니다.

아무리 초라하고, 아무리 움츠러들어 있고, 아무리 하찮게 여겨지는 자신일지라도 좋습니다.

그런 자신을 용서해주세요.

용서하고 사랑해주세요.

이유 따윈 필요 없습니다.

'이대로 좋아, 지금의 내가 사랑스러워' 하고 당신의 목소리로 당신 자신에게 일러주세요.

바로 그 순간부터 모든 것이 변화하기 시작합니다. 분명 당신은 금방은 알아채지 못하겠지만, 자신을 용서하고 사랑한 순간부터 당신 자신도 주위도 모든 것이 바뀌기 시작합니다.

'나의 싫은 점과 고치고 싶은 점이 없어지면 나를 용서하고 사랑할 수 있다.'

이렇게 생각하는 사람이 적지 않을 것입니다. 하지만 그것은 거꾸로 된 말입니다. 싫은 점과 고치고 싶은 점도 그대로 용서하고 사랑할 수 있다고 생각할 때 비로소 자신도 주위도 바뀌기 시작합니다.

노력은 이와 같이 결과적으로 느끼는 것이지 억지로 자신에게 강요할 것은 아닙니다.

　가장 중요한 것은 '무슨 일을 하든 즐기는 것'입니다. 기분 좋게 시작해서 하고 싶으면 하고 싶은 만큼 해보는 것입니다. 그렇게 하면 반드시 세계가 넓어져 갑니다. 결과적으로 노력도 저절로 하게 됩니다.

　나는 모든 인간이 그런 멋진 재능을 갖추고 있다고 믿습니다. 그러므로 다른 사람은 물론 자신에게도 노력을 강요하지 않아야 합니다. '강요하는 것'이 아니라 '즐기는 것'입니다.

　그렇게 함으로써 지금까지 노력이라는 강박관념 뒤에 가려져 숨죽이고 있던 재능을 서서히 꽃피울 수 있습니다. 교제의 폭도 넓어집니다. 이것이야말로 풍요롭고 행복한 인생의 조건이라고 생각합니다.

스스로를 반성하는 사람은 부딪치는 일마다 전부 약이 될 것이고,
남을 탓하는 사람은 생각마다 창칼이 된다.
하나는 그것으로 모든 착한 일의 길을 열고,
하나는 그것으로 모든 나쁜 일의 근원을 파헤친다.

끌리는 사람의 공통점 01

...

　사람들 속에서 잘난 듯 으스대거나, 남의 이야기를 제대로 듣지 않고 자기 의견이나 생각만을 주장하는 데 열심인 사람은, 현재는 권력이나 재능으로 사람들 위에 군림하고 있다 하더라도, 언젠가는 그 지위를 잃게 될 것이다. 아니, 그 지위를 계속 유지한다고 해도 그 자신이 결코 행복한 존재라고는 할 수 없지 않을까.

　왜냐하면 사람은 타인과 접촉함으로써, 나이나 지위, 처지와는 관계없이 그들로부터 배우고, 또한 그들로부터 좋은 영향을 받으면서 진정한 인간다운 관계를 실감할 수 있기 때문이다.

끌리는 사람의 공통점 02

...

  타인으로부터 항상 배우려는 사람은 행복한 사람이다. 거기에는 서로 의미 있는 인간관계를 맺고자 하는 희망이 담겨 있다. 사람들은 그런 희망의 빛이 있는 곳에 모여드는 것이 아닐까.

  주위에 사람들이 모여드는 사람은, 무슨 특별한 능력이 요구되는 것은 아니며, 극히 상식적인 일을 확실하게 할 수 있는 사람을 칭한다. 거기에 오직 하나 '상대방의 뇌에 한 줌의 소금을 더 얹어줄 수 있는 사람'이라는 조건만 더하면, 자연스럽게 사람들이 주위에 모여들 것이다.

실수는 승진의 조건

IBM 설립자인 톰 왓슨이 신상품 개발을 위해서 새 부사장을 임명하였다. 모험적인 사업이었기 때문에 부사장의 책임은 막중했다. 혹시라도 실패한다면 모든 책임을 져야 하는 자리였다. 그런데 그 새로운 사업이 천만 달러의 손해를 입힌 채 실패하고 말았다. 부사장 한 사람만의 실수가 아니라 사업 전망과 분석을 제대로 하지 못한 전체 경영진의 실수였다. 그러나 부사장은 모든 책임을 자신이 져야 한다는 고민에 빠졌다. 며칠을 고민하던 그는 사표를 들고 회장을 찾아갔다. 그의 사표를 받아든 회장은 부사장의 사표를 내려놓으면서 한마디 던졌다.

"장난이 심하군. 우리는 당신의 교육비로 이미 천만 달러를 썼네. 그런데 이제 와서 회사를 떠나겠다고? 어림없는 소리 말고 당장 자리로 돌아가게! 천만 달러를 다시 벌 때까지는 절대 내보낼 수 없네!"

이 말을 들은 부사장은 자신이 다시 일해야 할 곳은 새로운 자리가 아니라 자신이 실패한 바로 지금의 자리라는 것을 깨달았다.

사람은 실수한 후에도 역시 세상을 살아가야 하고, 일을 해야 한다. 비록 실수를 했을지라도, 그 실수로 인해 그의 기능과 인성은 더욱 발전하고 성숙해진다. 실수는 사람을 버려야 할 이유가 아니라 도리어 승진시켜야 할 조건이 되는 것이다. 진정한 용서는 실수한 사람을 내쫓는 것이 아니라 그의 자리에서 다시 일하게 하는 것이고, 그의 능력을 인정하고, 그의 기능을 발휘할 수 있는 기회를 주는 것이다.

사랑의 편지

- 강우혁

사랑은 편지 속에 웅크리고 있는

뜻하지 않은 고백의 말들이 아닙니다

한 통의 편지를 쓰기 위해

옷을 고르듯 신발을 고르듯

꼼꼼한 솜씨로 편지지를 고르고

글씨가 틀리지나 않을까

먹물이 번지지나 않을까

마지막 한 글자가 끝나는 순간까지

손목이 저리는 고통도 참아가며

글자의 높낮이를 맞추어가는 정성
바로 그 마음속에 있는 것입니다

글이 길어질수록 작아지는 것만 같은
사랑의 의미들에 애태우며
사랑이라 썼다가 그리움이라 썼다가
결국엔 보고프다 써버리고 마는
그 마음속에 있는 것입니다
우편함에 꽂혀 있는 편지를 발견했을 때
그가 누구인지
무슨 내용인지
굳이 뜯지 않아도 가슴이 설레는 건
바로 그런 이유에서일 테니까요

35세까지는 책을 읽어라

자기 개발에는 책을 읽는 것이 제일이다.

그래서 나는 '35세까지는 책을 읽어라' 하고 젊은 사원들에게 입버릇처럼 이야기한다.

먹고 마시는 하루하루는 즐겁다. 상사에 대한 험담이나 동료의 실패담을 안주 삼아 떠드는 것도 재미있을 것이다. 그렇지만, 그런 일들에 언제까지나 빠져 있어서는 안 된다. 눈 깜짝할 사이에 우리는 늙어버리기 때문이다.

그렇다면 왜 35세인가. 그때쯤이면 우리는 보통 관리직에 오르거나 육아 문제 등으로 가정사가 늘어나게 된다.

즉, 비즈니스맨으로서 제2의 무대에 오르게 되는 것이다. 그렇게 되면 공사다망해지고, 그때까지 독서를 즐겨 하던 사람도 책을 읽지 않게 된다. 아니, 읽을 수 없게 된다는 표현이 맞겠다. 그리고 설령 책을 읽더라도 일과 관계된 책에 한정되어버린다.

그러므로 그 전에 독서를 습관화해두는 것이 좋다. 승부는 젊으면 젊을수록 유리한 법이다. 학창 시절에 책을 읽는 즐거움을 안다면 더할 나위 없겠지만, 비즈니스맨이 되어서라도 늦지는 않다. 독서에는 다른 즐거움을 희생할 만한 가치가 충분히 있다.

우리가 젊었을 때, 특히 고교 시절에는 니시다 이쿠타로, 아베 지로 등의 철학서를 탐독했다. 당시가 전쟁 중이었던 만큼, 우리는 항시 죽음을 생각할 수밖에 없었고, 덕분에 그러한 철학서는 더욱 많이 읽혀졌다.

'시간이여 멈춰라.' 니시다의 책을 읽으면서 나는 몇 번이고 그렇게 생각했다. 스스로의 지적 궁핍함을 생각하면 진지하게 독서를 할 수밖에 없었다.

이젠 니시다 철학의 내용은 전혀 기억나지 않는다. 하긴, 읽고 있는 동안조차도 그 내용을 제대로 이해하고 있었다고는 말할 수 없다. 그러나, 니시다 철학은 내 삶의 양식이 되었다. 그로 인해, 나 자신이 '인간이 되었음'은 확실하다.

'자신이 알고 있는 것이 정답'이라는 말이 있다. 나는 나 나름대로 니시다 철학을 이해하고 있었던 것이다.

독서의 기본은 자유다. 어떻게 읽든, 자신의 마음에 와 닿으면 된다.

지금은 시대가 다르다. 소설이든 평론이든 불교 서적이든 각자의 감성에 맞추어 무엇이든 읽으면 된다. 책을 읽음으로써 자신을 연마하는 '스타일'을 몸에 익히는 것이 중요한 것이다. 이 스타일을 한번 익혀두면, 아무리 바쁘더라도 시간을 내어 책과 마주하게 된다. 설령, 몇 개월, 몇 년 간의 공백이 있어도 책을 읽는 자세는 결코 흐트러지지 않는다.

정보가 넘쳐나는 요즈음, 책의 정보적인 가치는 예전에

비해 감소했다. 정보의 스피드도 새로운 미디어에는 대적하지 못한다. 다만, '정보와 친해지는 방법의 기본'은 독서를 통해서만 길러지는 것이 아닐까? 게다가 정보를 얻는 것은 독서의 많은 효용 중 일부에 지나지 않는다. 어떤 의미에서 독서는 '잠재적 효용'인 것이다.

책과의 교류를 통해 자신을 응시하고 생각하는 힘을 기른다, 세상의 구조와 인간의 본성을 헤아린다, 그리고 인생의 페이소스를 느낀다……. 이것은 비즈니스맨으로 살기 위한 필수 조건은 아니다. 그렇지만, 이러한 것을 필요로 하지 않는 비즈니스맨의 인생이라면 과연 지속할 가치가 있는 것일까.

독서와 인연이 없는 사람은 리더나 관리직에 부적합하다. 만약 그런 사람이 리더가 되면 그 조직은 비참한 지경에 이르고 말 것이다.

나는 지금은 아무렇게나 책을 읽는 편으로, 10페이지 정도 읽다가 재미가 없으면 덮어버리기도 한다. 소위 '읽지 않고 쌓아두는' 책도 많은데, 내심 그 책의 양에 안심하고 있기도 하다. 그러나, 나는 두 전집만은 소중히 여긴다. 『니시다 이쿠타로 전집』과 『난바라 시게루 전집』이 그것이다. 그렇다고 그들의 심오한 사상을 이해하고 있는 것은 아니다. 이따금 여기저기 골라서 읽기를 즐기는 것뿐이다. 모르면서도 아는 척을 할 정도의 형편없는 인간이고 싶지는 않다.

니시다의 전집에는 '해가 바뀌고 다시 해가 온다고 생각했는데 문득 고개를 드니 어느덧 늙어버린 조용한 밤의 나카야마'라는 사이교西行 : 1118~1190, 시인의 노래가 인용되어 있다.

한 번 더 강조하건대, 젊었을 때 익힌 독서 습관은 평생 독서를 즐길 수 있는 밑거름이 된다.

사람들은 일 년 먹을 양식을 광 속에 저장하듯이
행복도 저장해두었다가 하나하나 소비할 수 있는 것으로
생각하고 싶어한다. 그러나 이것은 잘못이다.
사람은 앞으로 나아가야지 한군데 앉아 있어서는 안 된다.
앞으로 나아가는 사람에게는 행복이 따르고
멈추는 사람에게는 행복도 멈춘다.

에머슨

다른 말로 표현했을 뿐

• • •

한 여성이 자신의 어렸을 적 이야기를 들려주었다.

어렸을 때, 화를 잘 낸다는 말을 자주 들었다.
그럴 때마다 풀이 죽곤 했다.
중학생이 되었다.
담임 선생님이 좋았다.
어느 날, 선생님이 칭찬을 해주셨다.
"매 순간 정열적으로 임하는 모습이 멋있다. 바로 그게 네 매력이란다."
그 한마디가 나를 살렸다.

헹가래는 치지 않습니다

• • •

군마 소프트볼 클럽의 오키 마사모토 감독의 말이다.

"클럽의 역사는 40년 이상이나 된다. 우리는 전일본선수권, 전국체전 등에서 열아홉 번이나 우승했다. 이런 우리 클럽에는 자랑할 만한 것이 한 가지 있는데 그것은 우승 횟수가 아니다. 지금까지 단 한 번도 헹가래를 친 적이 없다는 사실이다. 상대는 우리들처럼 소프트볼을 사랑하는 사람들이다. 진 사람들 앞에서 이겼다고 헹가래를 칠 수 있겠는가? 이런 이유로 우리들은 이겨도 헹가래를 치지 않는다."

조신의 꿈

 신라시대, 지금의 강릉 지방에 세규사世逵寺라는 절이 있었다. 그곳에 조신이라는 스님이 있었는데, 그는 명주 지방의 태수 김흔金昕의 딸을 흠모했다.

 그리하여 그는 몇 해 동안 쉬지 않고 낙산사의 관음보살 앞에 나아가 그녀와의 결합을 남몰래 빌고 또 빌었다.

 그러나 조신이 기도로만 일관하고 있는 사이, 김흔의 딸은 다른 남자에게 시집을 가버리고 말았다.

 조신은 절망하였고, 관음보살이 자신의 소원을 들어주지 않은 것을 원망하며 슬피 울다가 지쳐서 잠이 들고 말았다.

 그런데 꿈속에 김흔의 딸이 함빡 웃으며 나타나더니 이렇게 말하는게 아닌가.

 "저는 마음속으로 대사님을 사모해왔습니다. 그러나 부모님의 명령을 따르기 위해 부득이 출가를 했습니다만, 이제는 대사님과 함께 살고자 이렇게 달려왔습니다. 저를 받아주시겠습니까?"

 조신은 너무도 기뻐 함께 고향으로 돌아가 그녀와 40여 년의 세월을 살았다.

 그러나 그들의 생활은 너무도 가난하여 입에 풀칠하기조차 힘이 들었다. 그래서 10여 년 간을 문전걸식하며 돌아다닌 끝에, 열다섯 난 큰아들은 굶어서 죽고, 조신과 그의 아내는 늙고 병들어 자리에 눕고 말았다. 그리고 열 살짜리 딸이 구걸을 나섰다가 미친개에게 물려 그만 쓰러지고 말았다.

 그 사실을 접한 부부는 목이 메고 가슴이 미어졌다.

 자신들의 너무도 기가 막힌 처지를 참다 못한 아내가 조신에게 말했다.

"제가 처음 당신을 만났을 때는 나이도 젊었고 얼굴도 예뻤습니다. 그리고 당신과의 사랑도 깊어 헝겊 하나로 둘이 덮고 자도 따뜻한 정을 느낄 수 있었고, 밥 한 그릇을 둘이 나누어 먹어도 배가 불렀습니다. 하지만 이제 50년을 살다보니 몸은 늙어 병들었고, 아이들은 굶주려 죽기까지 했습니다. 구걸을 하려고 해도 이제는 집집마다 문을 굳게 닫고 열어주지 않습니다. 형국이 이러한데 어느 겨를에 부부 간의 애정을 즐기겠습니까? 이제 우리에게는 더이상 방법이 없으니 헤어지는 수밖에 없겠습니다. 헤어졌다가 다시 만나게 되면 그것은 운명 아니겠습니까?"

조신은 오히려 아내의 말이 기쁘게 들렸다. 그리하여 부부는 남아 있는 두 아이를 하나씩 맡아 헤어지기로 했다.

그리고 서로 잡았던 손을 놓고 막 돌아서려는 순간, 조신은 잠에서 깨어났다.

한바탕 꿈이었던 것이다. 불당 안의 등불은 여전히 깜박거리고, 밤은 고요히 깊어가고 있었다.

이튿날, 조신의 머리는 하얗게 세어 있었다. 조신은 꿈에서 열다섯 난 아들이 굶어 죽었을 때 그 시체를 묻었던 곳을 찾아가 파보니 거기에 돌미륵이 있었다.

 조신은 인생이 물거품같이 허무하다는 것을 깨닫고, 돌미륵이 나온 자리에 '정토사'라는 절을 세웠다. 그리고 다시는 인간 세상에 뜻을 두지 않고 불도佛道에만 전념했다.

예술가

- 한용운

나는 서투른 화가여요.

잠 아니 오는 잠자리에 누워서

손가락을 가슴에 대이고

당신의 코와 입과 두 볼에

새암 파지는 것까지 그렸습니다.

그러나 언제든지 적은 웃음이 떠도는 당신의 눈자위는

그리다가 백 번이나 지웠습니다.

나는 파겁도 못한 성악가여요.

이웃사람도 돌아가고 버러지 소리도 그쳤는데

당신이 가르쳐주시던 노래를 부르다가
조는 고양이가 부끄러워 부르지를 못했습니다.
그래서 가는 바람이 문풍지를 스칠 때에
가만히 합창하였습니다.

나는 서정시인이 되기에는 너무도 소질이 없나봐요.
'즐거움'이니 '슬픔'이니 '사랑'이니
그런 것은 쓰기 싫어요.
당신의 얼굴과 소리와 걸음걸이를
그대로 쓰고 싶습니다.
그리고 당신의 집과 침대와 꽃밭에 있는
적은 돌도 쓰겠습니다.

내가 가진 진주는 김윤덕

예전엔 가난하고 고된 생활에
밤마다 남의 보물 헤아렸지만
이제는 깊이깊이 생각한 끝에
모름지기 내 집을 짓기로 했네
땅 파다 보물 상자 하나 얻으니
수정처럼 맑디맑은 진주였다네
파란 눈의 서역 장사치들이
서로 다퉈 이 진주를 사려 하기에
나는 껄껄 웃으며 말해주었지

이 진주는 값을 매길 수 없소

_값을 매길 수 없는 구슬 – 한산자

얼마 전 종로 쪽을 나갔다가 문득 옛 여자친구 생각이 났더랬다. 고등학교 때 누이의 소개로 교회에 다니면서 사귀었던 친구인데 나중에 각자 결혼한 후에도 우연히 가까운 곳에 살게 되어 서로의 집으로 찾아가 만나기도 했던, 그야말로 친구였는데, 최근엔 멀리 이사간 후로 못 만난 지가 한 삼 년 된 것 같다.

군대에 갔을 때 일인데, 휴가를 나와 그녀와 레스토랑에서 식사를 했었다. 그런데 식사를 마치고 계산을 해야 할 즈음에 갑자기 그녀가 발로 내 발을 툭툭 치는 것이었다. 그래서 보니 은밀히 식탁 밑으로 내 손에 뭔가를 꼭 쥐어주는 것이 아닌가. 돈이었다. 군에 있는 내가 무슨 돈이 있으랴 싶어 그리 준 것이다. 내 맘 상하지 말라고 아무도 모르게 식탁 밑으로 쥐어준당시만 해도 남녀가 식사를 하고 여자가 돈을 내면 조금은 부끄럽게 여기던 시절이었다……. 이십 년이 더 흘렀어도 잊히지 않는 손이었다. 아마 평생을 아니 잊고 갈…….

배려라는 것은 그 사람의 겉으로 드러난 어떤 부족한 모습을 채워주는 것이 아닌, 상대의 보여지지 않는 뒷모습을 살펴보고 싶은 마음일 것이다.

한데, 난 언제부턴가 내가 가장 소중하다고 배워왔고 가슴속에서 가르쳐주는 것들을 조금씩 잊은 채 남의 것을 훔쳐보며, 그것에 맞춰 희비를 가르며 생활하는 삶에 길들여지고 있었는지도 모른다.

오늘 종로길을 걷다가 문득 어린시절 그 여자친구를 떠올리면서 '타인을 먼저 배려할 줄 아는 마음, 상대의 아픔을 볼 줄 아는 마음, 함께 나누고자 하는 마음자리'를 생각해보았다.

그리고 내 진주는 아름다운 사람들과의 만남과 나눔 속의 수많은 사연과 추억들이라고……. 그리고 그런 것들이 진정 나를 행복하고 풍요롭게 만들어주는 것들이며 나를 살아가게 하는 것들이라는 생각을 했다.

천태산의 기인 한산자처럼 누가 있어 내 진주를 물어보면 '내 진주는 세상 가치로는 값을 매길 수 없다네' 하면서 껄걸 웃을 수 있는 웃음 하나가 진정 갖고 싶었더랬다.

그렇게 멋지게 웃어줄 수 있는…….

성당을 짓는 사람

어느 여행자가 채석장에서 돌을 캐는 장인 세 사람을 만났다. 호기심이 생긴 그는 세 사람에게 돌아가며 무엇을 하느냐고 물었다. 벽 앞에서 빈둥거리던 첫 번째 남자는 "하라는 대로 할 뿐이지요"라고 말했다. 도구를 닦고 있던 다른 사람은 "돌을 자르고 있지요"라고 대답했다. 그러나 바쁘게 일하던 세 번째 사람은 고개를 들더니 "대성당을 짓고 있습니다"라고 말했다.

비전을 가지고 삶을 즐겨라

 매일 반복되는 일에 안주하는 것이 쉬울 때도 있지만 관리자로서의 역할에 목표를 갖게 하는 확실한 장기 계획이 있으면 훨씬 이롭다. 관리자가 올바른 방향을 갖고 더 나은 미래로 사람들을 이끄는 데는 명확한 비전이 있어야 한다. 항상 큰 뜻을 품고 도전 정신을 잃지 않으려면 환경을 극복하고 자신의 가치를 인식하며 미래에 대한 비전을 소유해야 한다.

신념을 가지고 남을 칭찬할 수 있는 사람

 정년 후 M씨는 출판사의 계열사인 ○○사라는 자회사에 머지않아 사장으로 취임할 예정이었다. 현재 ○○사의 F사장은 이미 20년 정도 그 자리에 있었으며, 나이도 70대 후반으로 빨리 후임이 와주기를 고대하고 있었다. 거기에 경험이 풍부한 M씨가 희생양이 된 것이다.

 ○○사는 사원수가 적은 중소기업이라고 할 수 있는 회사였는데, 실적은 그다지 나쁘지 않았다. 큰 이익은 내지 못하고 있지만, 회사 발족 이래 적자를 낸 적은 없었다. 숫자상으로 보면 우량회사라고도 할 수 있다. 단지 21세기를

앞에 두고 ○○사는 새로운 전망을 내놓고, 업무를 재구성하지 않으면 살아남기 어려운 처지에 놓여 있었던 것이다.

실은 M씨 전에 M씨의 선배인 D씨가 M씨와 같은 입장에서 정년 후 ○○사에 중역으로 입사한 적이 있었다. 그런데 D씨는 본사에서는 그런대로 실적을 올렸지만, ○○사에서는 업무에 적응을 하지 못했다.

본사에 있었던 때는 큰 조직의 일원으로서 업무를 수행하면 되었지만, ○○사에서는 일상적인 소액 출금부터 회사 전체의 업무까지 수행해야 했다. 또한 본사는 일반인에게도 잘 알려진 일류회사였기 때문에 사원도 유명대학 출신자가 많았으며, D씨도 마찬가지였다. 그런데 ○○사의 사원은 회사 독자적으로 채용하였기 때문에, 그다지 유명한 대학 출신자가 없었다.

본사에서는 할 필요가 없었던 익숙지 않은 자질구레한 업무에서 오는 스트레스 때문이었는지, 아니면 유명대학 출신이라는 프라이드 때문이었는지, D씨는 평소 무엇이든지 본사와 비교하여 계열사의 사원을 경시하는 태도를 취했다. 그런 D씨가 어느 날, 치명적인 말을 ○○사의 F사장과 사원 앞에서 내뱉어버렸다.

사원들이 기획안을 내고 차기 간행물의 아우트라인을 결정하는 회의 때의 일이다. 사원들은 차례로 자신의 기획안을 발표했다. 그리고 마지막으로 F사장이 D씨의 의견을 물었을 때였다.

"모두 멍청이들만 모였군! 그런 기획이 팔릴 리가 있나. 회사를 망하게 할 작정인가. 본사라면 이런 기획안은 통하지도 않을뿐더러, 내는 놈도 없을 거야."

D씨는 사원들이 제안한 기획안 하나하나를 트집 잡아 깎아내리기 시작했다.

사원 모두는 길길이 날뛰는 D씨 앞에서 고개를 떨구고 있었으며, 그중에는 분노로 얼굴이 시뻘게진 사람도 있었다. 이대로는 안 되겠다고 생각한 F사장은 D씨의 발언을 중지시키고, D씨의 아이디어를 물었다. 그런데 정작 D씨는 기획안을 전혀 준비하지 않은 상태였다.

장래 사장이 될 예정으로 본사에서 온 D씨였지만, F사장은 이 상태로는 사원의 의욕마저 상실시켜, D씨에게 회사의 장래를 맡길 수는 없다고 판단했다. F사장은 본사와 의논한 끝에 D씨를 퇴직시키기로 하였다. D씨는 "멍텅구리같이, 이런 회사에서 어떻게 일을 해"라는 일관된 태도로 ○○사를 물러났다.

그런 일이 있은 후였기 때문에, M씨는 ○○사에 온 이후 철저히 사원을 칭찬하는 일부터 시작했다.

M씨와 D씨 모두 본사로부터 같은 입장으로 ○○사에 입사했다. ○○사 사원에게는 M씨도 D씨도 모두 같았다. D씨의 실패담을 들은 M씨는 먼저 회사 사원들에게 자신감을 회복시킬 것과 D씨와 자신은 다르다는 점을 인식시켜야겠다고 생각했다.

기획회의에서는 "아주 좋은 생각이군. 역시 H군이야"라는 말과 함께, 밝은 목소리로 "역시!"를 연발하면서 기뻐하며 칭찬했다. 상대가 반신반의의 표정을 지어도, 부끄러워해도 칭찬을 멈추지 않았다.

그 중에는 합격점을 줄 수 없는 기획안도 있었지만, 그래도 좋은 점을 찾아내어 칭찬했다.

부족한 부분은 그 자리에서 지적하지 않고, 나중에 "일전의 기획안 말인데, 나중에 생각해보니 이렇게 하면 더욱 좋을 거라는 생각이 드는데, 자네는 어떤가?"라고, 구체적인 제안을 덧붙여서 기획을 제안한 사원에게 마지막까지 생각하게 한 후에 수정하도록 했다. 수정된 기획도 그 사원이 생각해낸 것이라 하여 다시 칭찬했다.

이렇게 해서 M씨는 회사 사원들의 프라이드를 회복시키고 자신감을 고취시켰다. 또한 웃는 얼굴로 칭찬함으로써 회사의 분위기는 점점 밝아졌다.

F사장은 그런 모습에 안심하고 M씨에게 사장 자리를 양보했다.

칭찬할 때는 철저하게 칭찬하자.

사람을 칭찬하는 데는 돈도 시간도 들지 않는다. 밝고 즐겁게 일을 할 수 있다면 인생에 이보다 더 즐거운 일은 없을 것이다.

칭찬에 인색하지 않은 사람에게 사람들이 모여든다.

사람에게는 거처하는 방이 무엇보다도 소중하다.
조용하고 아늑한 방에서 거처하면
마음도 한결 즐겁고 꿈도 화려해진다.

도스토예프스키

만일

– 루디야드 키플링

만일 네가 모든 걸 잃었고 모두가 너를 비난할 때

너 자신이 머리를 똑바로 쳐들 수 있다면.

만일 모든 사람이 너를 의심할 때

너 자신은 스스로를 신뢰할 수 있다면.

만일 네가 기다릴 수 있고

또한 기다림에 지치지 않을 수 있다면.

거짓이 들리더라도 거짓과 타협하지 않으며

미움을 받더라도 그 미움에 지지 않을 수 있다면.

그러면서도 너무 선한 체하지 않고

너무 지혜로운 말들을 늘어놓지 않을 수 있다면.

만일 네가 꿈을 갖더라도
그 꿈의 노예가 되지 않을 수 있다면.
또한 네가 어떤 생각을 갖더라도
그 생각이 유일한 목표가 되지 않게 할 수 있다면.
그리고 만일 인생의 길에서 성공과 실패를 만나더라도
그 두 가지를 똑같은 것으로 받아들일 수 있다면.

네가 말한 진실이 왜곡되어 바보들이 너를 욕하더라도
너 자신은 그것을 참고 들을 수 있다면.
그리고 만일 너의 전생애를 바친 일이 무너지더라도
몸을 굽히고서 그걸 다시 일으켜세울 수 있다면.

생명단상 生命斷想

 철이라는 소년이 엄마와 함께 살고 있었다. 전쟁으로 폐허가 된 땅에서 둘은 먹을 것이 없어 갖은 고생을 하고, 중노동에 시달리며 하루하루를 연명하던 중 그만 엄마가 병이 들고 말았다. 못 먹어서 생긴 병이었다. 철이는 엄마를 위해 천신만고 끝에 빵 한 조각을 훔쳐 돌아온다.

 집에 도착하였을 때 엄마는 죽기 직전이었다. 엄마는 눈을 감으면서 유언으로 엄마가 다 못 살고 간 몫까지 반드시 살아 '영원한 생명'을 얻어 오래오래 행복하라고 한다.

 그래서 철이는 영원한 생명을 얻기 위한 긴 여행을 시작한다.

'비의 별', '어둠의 별', '고독의 별', '슬픔의 별' 등 갖가지 별들을 다니면서 사람들이 살아가는 온갖 모습들을 본다. 그러다가 드디어, '죽지 않는 별'에 다다른다.

그곳은 죽지 않으니 천국이요, 낙원이리라 상상했던 철이는 그만 깜짝 놀라고 말았다.

그 별은 온통 권태와 나태와 퇴폐와 허무로 가득 차 있었던 것이다. 죽지 않으니까 부지런할 이유가 없었다. 끊임없이 살아가니까, 결국 그들은 그 속에서 스스로의 매너리즘에 빠져 허무와 퇴폐의 나락으로 떨어질 수밖에 없었던 것이다. 거기서 철이는 영원한 생명을 얻기 위한 자신의 여행이 잘못된 것임을 깨닫고 지구로 돌아온다는 이야기이다.

이것은 <은하철도 999>라는 만화영화의 내용이다.

생명은 유한하므로 그 빛과 값어치를 갖는 것이리라. 우리의 생명이 무한하다면 우리의 만남이 소중하지만은 않을 것이다. 계속 만날 수 있으니까. 또 친구가 멀리 떠난다고 해서 눈물을 흘리며 슬퍼할 필요가 없다. 살아 있으니 언젠가는 다시 만날 테니까. 그리고 같은 얼굴들도 끊임없이 볼 테니 반갑거나 즐거울 이유가 없다. 그러니 자연 사람과 사람 사이의 소중함은 소중하지 않다. 우리의 생명이 유한한 까닭에 1초의 시간도, 짧은 만남도, 우연한 만남도, 작은 헤어짐도 그렇게 소중한 것이리라.

유한의 시공에서, 매일 매일의 흐름 속에서 하루하루를 하나의 새로운 창조된 생활로 변화시키고 일궈나가는 것, 그것이 바로 참된 생명이며 삶의 기적이리라.

작은 하나하나의 삶의 현장에서 최선을 다하는 것. 그것만이 우리 삶의 의미를 일깨워주고 우리의 존재를 확인시켜주는 최고의 선일 것이다.

배우지 않은 슬픔이여, 이것은 게으름뱅이의 자기 변명이다.
그렇다면 공부를 하라! 공부한 적이 있으니까
이제는 공부하지 않는다는 말도 우스꽝스런 말이다.
과거에 기대를 갖는다는 것은
과거를 한탄함과 마찬가지로 어리석은 일이다.
이미 진행된 일에 대해서는
그 진행된 사실 속에 묻어버리는 것이 상책이다.

알랭

사랑

 내가 인간의 여러 언어를 말하고 천사의 말까지 한다 하더라도 사랑이 없다면 나는 울리는 징과 요란한 꽹과리와 다를 것이 없습니다. 내가 하느님의 말씀을 받아 전할 수 있다 하더라도, 온갖 신비를 환히 꿰뚫어보고 모든 지식을 가졌다 할지라도, 산을 옮길 만한 완전한 믿음을 가졌다 할지라도 사랑이 없으면 나는 아무것도 아닙니다. 내가 비록 모든 재산을 남에게 나누어주고 또 내가 남을 위해 불 속에 뛰어든다 하더라도 사랑이 없으면 모두 아무 소용이 없습니다.

사랑

• • •

사랑은 오래 참고 사랑은 친절합니다. 사랑은 성내지 않으며 자랑하지 않습니다. 사랑은 교만하지 않으며, 사욕을 품지 않으며, 쉽게 성내지 않으며, 앙심을 품지 않습니다. 사랑은 불의를 보고 기뻐하지 않으며, 진리로 인해 기뻐합니다. 사랑은 모든 것을 덮어주고, 모든 것을 믿고, 모든 것을 바라고, 모든 것을 견디어냅니다. 잘못된 것을 기억하지 않습니다. 사랑은 영원히 가실 줄 모릅니다. 믿음과 희망과 사랑, 이 세 가지는 언제까지나 남아 있을 것인데, 그중에서도 가장 위대한 것은 사랑입니다.

당신은 승자입니까, 패자입니까? J.하비스

● 제1장 ●

승자는 실수했을 때 '내가 잘못했다'고 말하지만 패자는 실수했을 때 '너 때문이야'라고 말한다. 승자의 입에는 솔직함이 가득하고 패자의 입에는 핑계가 가득하다. 승자는 '예'와 '아니오'를 분명히 하지만 패자는 '예'와 '아니오'를 적당히 한다. 승자는 어린아이에게도 사과할 수 있지만 패자는 노인에게도 고개를 못 숙인다. 승자는 넘어지면 일어나 앞을 보고 패자는 넘어지면 뒤를 본다.

● 제2장 ●

 승자는 패자보다 더 열심히 일하지만 여유가 있고 패자는 승자보다 게으르지만 늘 '바쁘다'고 말한다. 승자의 하루는 24시간이고 패자의 하루는 23시간밖에 안 된다. 승자는 열심히 일하고, 열심히 놀고, 열심히 쉬지만 패자는 허겁지겁 일하고, 빈둥빈둥 놀고, 흐지부지 쉰다. 승자는 시간을 관리하며 살고 패자는 시간에 끌려 산다. 승자는 시간을 붙잡고 달리며 패자는 시간에 쫓겨서 달린다.

● 제3장 ●

 승자는 지는 것도 두려워하지 않지만 패자는 이기는 것도 은근히 염려한다. 승자는 과정을 소중히 생각하지만 패자는 결과에만 매달려 산다. 승자는 순간마다 성취의 만족을 경험하고 패자는 영원히 성취감을 맛보지 못한다. 승자는 구름 위에 뜬 태양을 보고 패자는 구름 속의 비를 본다. 승자는 넘어지면 일어서는 쾌감을 알지만 패자는 넘어지면 재수를 탓한다.

● 제4장 ●

 승자는 문제 속에 뛰어들지만 패자는 문제의 주위에만 맴돈다. 승자는 눈을 밟아 길을 만들지만 패자는 눈이 녹기를 기다린다. 승자는 무대 위로 올라가지만 패자는 관객석으로 내려간다. 승자는 실패를 거울 삼지만 패자는 성공도 휴지로 삼는다. 승자는 바람을 돛을 위한 에너지로 삼고 패자는 바람을 만나면 돛을 거둔다. 승자는 파도를 타고 나가지만 패자는 파도에 삼켜진다. 승자는 돈을 다스리지만 패자는 돈에 끌려다닌다. 승자의 주머니 속엔 꿈이 있고, 패자의 주머니 속엔 욕심이 있다.

● 제5장 ●

 승자가 즐겨 쓰는 말은 '다시 한 번 해보자'이고 패자가 자주 쓰는 말은 '해봐야 별 수 없다'이다. 승자는 차라리 용감한 죄인이 되고 패자는 차라리 비겁한 요행을 믿는다. 승자는 새벽을 깨우며 달리고 패자는 새벽을 기다리며 앉아 있다. 승자는 일곱 번 쓰러져도 여덟 번 일어서지만, 패자는 쓰러진 일곱 번을 낱낱이 후회한다.

● 제6장 ●

승자는 달려가며 계산하지만 패자는 출발도 하기 전에 계산부터 한다. 승자는 다른 길도 있으리라 생각하지만 패자는 길은 오직 하나뿐이라고 고집한다. 승자는 더 좋은 길이 있을 것이라 생각하지만 패자는 갈수록 태산이라 생각한다. 승자는 여유가 있어서 자기 자신을 여러 모양으로 변화시켜보지만 패자는 자기 하나 꼭 들어갈 상자 속에 자신을 가두고 산다.

● 제7장 ●

승자는 순위나 포상과는 관계없이 열심히 달리지만 패자는 처음부터 끝까지 포상만 생각한다. 승자의 의미는 모든 달리는 코스, 즉 순탄한 길이나 험준한 고갯길 전체에 깔려 있지만 패자는 오직 일등을 했을 때만 의미를 찾는다. 승자는 달리는 중에도 이미 행복을 느끼지만 패자의 행복은 경주가 끝나야 결정된다. 승자는 자기보다 우월한 사람을 보면 존경심을 갖고 그로부터 배울 점을 찾지만 패자는 자기보다 우월한 사람을 만나면 질투심을 갖고 그의 갑옷에 구멍난 곳이 없는지 찾아본다. 승자는 자기보다 못한 사람을 만나도 친구가 될 수 있으나 패자는 자기보다 못한 사람을 만나면 즉시 지배자가 되려 한다. 승자는 강한 자에겐 강하고 약한 자에겐 약하지만 패자는 강한 자에겐 약하고 약한 자에겐 강하다.

● 제8장 ●

승자는 몸을 바치고 패자는 혀를 바친다. 승자는 행동으로 말을 증명하지만 패자는 말로 행동을 변명한다. 승자는 책임지는 태도로 삶을 살지만 패자는 약속을 남발하며 삶을 허비한다. 승자는 벌받을 각오로 결단하며 살다가 영광을 받지만 패자는 영광을 위하여 꾀를 부리다가 벌을 받는다. 승자는 인간을 섬기다가 감투를 쓰며 패자는 감투를 섬기다가 바가지를 쓴다.

한번 진지하게 생각해보세요. 나는 승자에 가까운지, 패자에 가까운지를. 자신이 패자라고 생각된다면 지금 위에서 본 패자의 조건을 벗어버리겠다고 마음먹으세요. 그것만으로도 당신은 이미 승자가 될 충분한 조건을 갖춘 것입니다.

신에게 드리는 기도

– 미국 장애인 협회 회관에 걸려 있는 글

나는 신에게 나를 강하게 만들어달라고 부탁했다.

하지만 신은 나를 나약하게 만들었다.

겸손해지는 법을 배우도록.

나는 신에게 건강을 부탁했다. 더 큰일을 할 수 있도록.

하지만 신은 내게 허약함을 주었다.

더 의미 있는 일을 하도록.

나는 부자가 되게 해달라고 부탁했다.

행복할 수 있도록.

하지만 난 가난을 선물받았다.
지혜로운 사람이 되도록.

나는 재능을 달라고 부탁했다.
사람들의 찬사를 받을 수 있도록.
하지만 난 열등감을 선물받았다.
신의 필요성을 느끼도록.

나는 신에게 모든 것을 부탁했다. 삶을 누릴 수 있도록.
하지만 신은 내게 삶을 선물했다.
모든 것을 누릴 수 있도록.

나는 내가 부탁한 것을 하나도 받지 못했지만
내게 필요한 모든 걸 선물받았다.

닫힌 마음의 문을 여는 지혜 톨스토이

 삶이 고통에 처했을 때, 아무리 어렵다고 해도 실망하거나 좌절하지 말아야 한다. 아무리 어렵더라도 사람이 적응하지 못할 상황이란 있을 수 없다. 특히 자기 주위의 사람들이 자신과 똑같이 고통스럽게 생활하고 있는 것을 본 경우에는 더욱 그렇다.

 자기만이 불행한 사람에 속한다고 자학해서는 안 된다. 다른 사람들도 똑같은 고통을 겪고 있거나 겪어왔다는 사실을 명심하라. 지금의 불운과 고통이 없다면 미래의 행운과 안락함도 찾아올 수 없는 법. 그러므로 불행의 늪에 빠져 허우적거리고 아우성치는 것을 경계해야 한다. 현실이 고통스러울수록 삶의 의미에 대해 깊이 생각하고, 침착하고 냉정하게 그 고통을 이겨내지 않으면 안 되는 것이다.

삶은 선택이다. 우리의 생활은 아침에 일어나서 밤에 잠들기까지의 일련의 행위이며, 사람은 날마다 자기가 선택하는 것이 가능한 무수한 행위 속에서 자기가 해야 할 행위를 끊임없이 선택한다. 삶에 대하여 올바른 선택을 할 수 있는 것은 그 사람의 성숙도와 맞물려 있다. 세상의 모든 것이 그렇듯 삶에 있어서의 선택도 숙성과정을 거쳐야 훌륭한 것이 될 수 있다. 올바른 선택을 할 수 없다면 인간적인 삶도 있을 수 없다.

인생을 살면서 올바로 산다는 것은 결코 평탄한 길을 걷는 것이라고만 볼 수 없다. 올바로 사는 것에는 언제나 고행이 따르게 마련이고 많은 반대가 다가오기 때문이다. 따라서 올바로 살기 위해서는 스스로 복잡하게 얽힌 삶의 언덕을 힘겹더라도 인내하며 걸어가야 하는 것이다. 비바람과 싸우고 투쟁하며, 길을 잘못 들어 실수도 하며, 새로운 길을 찾아 모험을 시작해보기도 하면서 포기할 것은 과감히 포기하는, 그리하여 언제나 새로 시작하는 마음으로 진취적인 기상을 충전하여 항상 자신의 반대급부들과 싸워 스스로의 삶을 향해 정진하는 것이다. 평화의 길은 이러한 고통 속에서 닦아지는 것이다.

처세술이란 무엇보다도 먼저 자기가 한 결심을
재치 있게 해내는 일이다.
그러므로 자기가 종사하고 있는 일에 대해서
군소리를 하지 않는 사람이야말로
처세술이 능한 사람이라고 할 수 있다.

알랭

친구

...

    울고 싶을 때 어깨를 빌려주는 친구가 있으면 좋겠습니다. 어리석은 행동을 했을 때 활짝 웃어주고, 절대로 내 곁을 떠나지 않는 친구가 있으면 좋겠습니다. 내가 응석을 부릴 때 딱 이번 한 번만이라고 받아주면서 눈초리가 웃고 있는 친구가 있으면 좋겠습니다.

    그런 친구를 정말로 갖고 싶다면 내가 먼저 그런 친구가 되어야겠지요.

가장 좋은 씨앗을 이웃에게도!

• • •

옛날 옛적 한 농부가 살고 있었다. 그 농부가 수확한 옥수수는 그 나라에서 개최되는 농산물 박람회에서 늘 1등을 차지했다. 그런데 그 농부에게는 이웃의 농부들에게도 자신이 가진 제일 좋은 씨앗을 나눠주는 습관이 있었다.

그 이유를 묻자 농부는 미소 지으며 말했다.

"다 나 잘되라고 하는 일이지요. 바람이 불면 꽃가루는 이 들판에서 저 들판으로 날아가지 않습니까? 만약 이웃 들판에서 품질이 떨어지는 옥수수를 기른다면 그 옥수수의 꽃가루가 날아와 내 밭에서 자라는 옥수수의 품질까지 떨어뜨릴 게 뻔합니다. 그러니까 이웃들이 최상의 옥수수를 기르는 것이 제게도 도움이 된답니다."

남의 자리 나의 자리 김홍식

 두 명의 중환자가 같은 병실에 입원해 있었습니다. 그 중 한 명은 치료를 위해서 하루에 한 시간씩 일어나 앉아 있으라는 지시를 받았습니다. 그는 창가 쪽 침대에 있었기 때문에 앉아 있는 동안 창문을 통해 보이는 밖의 풍경을 누워 있는 환자에게 설명해주었습니다.

 창을 통해 호수와 물가의 오리가족, 모형 배가 떠다니는 모습, 손을 잡고 거니는 연인들, 함께 소풍 나온 가족들, 멀리 보이는 도시의 모습과 가끔 벌어지는 아이들의 공놀이하는 모습 등을 재미있게 설명해주었습니다. 그가 너무도 생생하게 이야기했기 때문에 누워 있는 환자는 마치 자신이 밖을 보고 있는 듯한 착각을 하곤 했습니다.

하루는 누워 있는 환자가 '왜 저 환자만 창가에서 밖을 바라보는가, 내가 저 자리에 있으면 내 눈으로 직접 아름다운 공원을 볼 수 있을 텐데' 하는 생각을 하였습니다. 그러던 어느 날 밤, 창가 쪽 환자가 갑자기 기침과 함께 숨을 몰아쉬기 시작하더니, 손을 더듬거리며 긴급 호출 버튼을 찾았습니다. 그것을 보고 있던 맞은편 환자는 자신이 대신 호출 버튼을 누를 수 있음에도 불구하고, 그가 숨이 완전히 멎을 때까지 잠든 척하며 지켜보고만 있었습니다.

다음날 아침, 사람들이 숨진 환자의 시신을 가져가고 침대를 정리하였습니다. 적절한 시기가 되자 혼자 남은 환자는 자신의 자리를 창가로 옮기고 싶다고 말했고, 간호사들은 그렇게 해주었습니다.

간호사들이 나가고 나자 환자는 있는 힘을 다해 일어나서 창가를 내려다보았습니다. 아름다운 공원과 호수, 한가로이 거니는 사람들을 기대하고 창문을 열었지만 창 밖에는 아무것도 없었습니다. 맞은편 건물의 회색 담장만이 있을 뿐이었지요.

세상에서 성공했다고 하는 사람들은 대단한 것을 붙잡은 양 말들을 합니다. 역사에 기록될 만한 업적을 남긴 사람들은 그 업적만 빼면 사실 위대한 사람들이 아닙니다. 그들이 본 것은 자신의 꿈일 뿐이지 모든 사람이 바라볼 수 있는 희망이 아닙니다.

신대륙을 발견한 콜럼버스는 자신이 발견한 땅의 주인인 원주민들을 잡아다 유럽에 노예로 팔았습니다. 그러고도 자신의 신대륙 발견은 세상을 뒤바꾼 사건이라고 표현하였습니다. 그는 자신의 일상적인 고집 때문에 노년에는 가족들과도 헤어져 홀로 외로운 별장에서 인생을 마쳤습니다.

세상에서 자신의 꿈을 이룬 사람들은 병실에서 건너편 건물의 벽을 바라보는 환자와 같습니다. 그리고 그의 말을 듣는 사람들은 그 자리를 차지하기 위해 온갖 노력을 다

기울입니다. 그러나 그 자리에 도달하면 그곳은 자신이 원하던 곳이 아니었음을 깨닫습니다. 자신이 실수했다는 것을 알았을 때, 이미 그들은 돌이킬 수 없을 만큼 멀리 와 있음을 발견합니다.

우리는 자신의 자리에 있을 때 진정한 기쁨을 얻을 수 있습니다. 자신이 있어야 할 자리에 머물러서, 함께 있는 사람들을 사랑하고 그들로부터 사랑받는 사람이 진정한 인생의 기쁨을 누리는 사람입니다.

직장인을 위한 기도

매일 아침 기대와 설렘을 안고

하루를 시작할 수 있게 하소서.

항상 미소를 잃지 않게 하시어

나로 인하여 남들이 얼굴 찡그리지 않게 하소서.

상사와 선배를 존경하고

아울러 동료와 후배를 사랑할 수 있게 하시고

아부와 질시를, 교만함과 비굴함을 멀리하게 하소서.

하루에 한 번쯤은 하늘을 쳐다보고

넓은 바다를 상상할 수 있는

마음의 여유를 주시고
일주일에 몇 시간쯤은
한 권의 책과 친구와 가족과 더불어 보낼 수 있는
오붓한 시간을 갖게 하소서.
한 가지 이상의 취미를 갖게 하시어
한 달에 하루쯤은 지나온 나날들을 반성하고
미래와 인생을 설계할 수 있는 시인인 동시에
철학자가 되게 해주옵소서.
작은 일에도 감동할 수 있는 순수함과
큰일에도 두려워하지 않는 대범함을 지니게 하시고
적극적이고 치밀하면서도
다정다감한 사람이 되게 하소서.

자기의 실수를 솔직히 시인할 수 있는 용기와
남의 허물을 따뜻이 감싸줄 수 있는 포용력과

고난을 끈기 있게 참을 수 있는 인내를
더욱 길러주옵소서.
직장인 홍역의 날들을 무사히 넘기게 해주시고
남보다 한 발 앞서감이
영원한 앞서감이 아님을 인식하게 하시고
또 한 걸음 뒤처감이
영원한 뒤처감이 아님을 알게 하소서.

자기 반성을 위한 노력을 게을리하지 않게 하시고
늘 창의력과 상상력이 풍부한 사람이 되게 하시고
매사에 충실하여 무사안일에 빠지지 않게 해주시고
매일 보람과 즐거움으로
충만한 하루를 마감할 수 있게 하여주소서.

그리하여 이 직장을 그만두는 날

또는 생을 마감하는 날에,
과거는 전부 아름다웠던 것처럼
내가 거기서 만나고 헤어지고
혹은 다투고 이야기 나눈 모든 사람들이
살며시 미소 짓게 하소서.

마음먹기 따라 다르다

마을 초입에 오두막을 짓고 사는 한 노파가 있었다.

하루는 어떤 젊은이가 수레에 이삿짐을 잔뜩 싣고 와서는 노파에게 물었다.

"제가 이 마을로 이사를 오려고 하는데 여기 마을 사람들은 어떤 사람들입니까?"

젊은이의 말에 노파가 되물었다.

"젊은이가 전에 살던 마을 사람들은 어떠했는가?"

그러자 젊은이는 조금도 주저하지 않고 대답했다.

"그곳은 생각만 해도 지긋지긋합니다. 서로를 시기하고

헐뜯느라 하루도 조용한 날이 없었으니까요."

젊은이의 대답에 노파는 침울한 표정으로 말했다.

"이곳도 마찬가지라오. 젊은이가 살던 마을과 다를 바가 없지. 이곳 사람들도 전부 그런 사람들뿐이라오."

노파의 말에 젊은이는 실망한 듯 이삿짐을 실은 수레를 이끌고 다시 어디론가 떠나버렸다.

며칠 후 한 농부가 식구들을 데리고 마을로 들어가려다 노파의 집에 들러 냉수 한 잔을 청하며 물었다.

"제가 이 마을로 이사를 오려고 하는데 여기 마을 사람들은 어떤 사람들입니까?"

노파는 전과 다름없이 그 농부에게 되물었다.

"댁이 전에 살았던 마을은 어떤 곳이었소?"

그러자 농부가 매우 아쉬워하며 대답했다.

"아주 살기 좋은 마을이었답니다. 마을 사람들은 어려운 일을 함께하고 작은 것이라도 서로 나눠 먹으며 사이좋게 지냈지요. 그런데 흉년이 들어 할 수 없이 이사를 하게 됐답니다."

 농부의 푸념 섞인 대답을 들은 노파는 농부의 손을 잡고 활짝 웃으며 이야기했다.

 "정말 잘 오셨구려. 이 마을은 댁이 전에 살던 마을과 진배없이 좋은 곳이라오. 서로 돕고 아껴주며 아주 인정 많은 사람들이 어울려 사는 곳이지요."

 모든 것은 자신의 마음먹기에 따라 달라진다고 생각합니다. '나는 항상 행복해'라고 생각하는 사람은 행복한 삶을 위해 더더욱 노력할 것이고, '나는 항상 불행해'라고 생각하는 사람은 불행으로 삶을 마감하게 될 것입니다. 어떤 식으로 생각하느냐에 따라 자신의 인생도 달라지게 되는 것입니다. 보다 긍정적인 사고로 세상을 바라본다면 내 주위처럼 아름다운 세상은 다시 없을 것입니다.

우리에게 두 개의 눈이 있다고 해서
그만큼 더 조건이 좋아지는 것은 아니다.
한쪽 눈은 인생의 좋은 부분을 보며
또 한쪽의 눈은 나쁜 부분을 보는 데 쓰인다.
착한 것을 보는 쪽의 눈을 가려버리는 사람이 많으나
나쁜 것을 보는 눈을 가려버리는 사람은 극히 드물다.

볼테르

공자가 싫어하는 사람

어느 날, 제자인 자공이 스승 공자에게 물었다.

"선생님께서는 어떤 유형의 사람을 싫어하십니까?"

그러자 공자가 말했다.

"내가 싫어하는 유형은 세 가지라네. 첫째는 남의 나쁜 점을 말하기 좋아하는 사람, 즉 타인의 실패를 즐거워하는 자라네. 둘째는 남의 험담을 늘어놓는 자이며, 셋째는 용감하기만 하고 난폭한 사람, 즉 난폭함을 용기로 잘못 알고 있는 자일세."

성공한 사람들의 열 가지 일상생활

1. 매우 매력적이고 현실적인 목표를 갖는다.
2. 오늘의 자신, 지금의 자신을 출발점으로 삼는다.
3. 타인과 비교하지 않는다.
4. 적극적이고 낙천적이며 정열적인 사고를 갖는다.
5. 창조적인 상상력을 적극 활용한다.
6. 현재의 일을 최후의 일이라고 생각하고 몰입한다.
7. 자신만의 개성적인 매력을 가진다.
8. 성공에 대해서 서두르지 않고, 교만하지 않고, 쉬지 않고, 포기하지 않는다.
9. 명예가 있는 인간이 될 것을 마음에 새긴다.
10. 하나의 일이 끝났을 때, 훌륭한 성공 체험을 얻는다.

사랑을 거부하는 사람, 마음이 굳어 있는 사람

 따뜻함과 기분 좋음은 다시 말해 사랑입니다. 사랑은 우리와, 우리를 둘러싼 모든 생명과 생명 사이를, 온갖 물체와 물체 사이를, 그리고 우주에 있는 모든 것과 우리 사이를 오가고 있습니다.

 우주와 대자연의 사랑은 해님의 따뜻함만이 아닙니다. 비로 내리는 정감 어린 사랑, 부드러운 바람과 함께 찾아오는 상쾌한 사랑, 꽃의 빛깔로 수놓아지는 기쁨의 사랑, 온갖 나무가 제 나름대로 엮어내는 녹색의 조용한 사랑, 동물들의 눈동자 깊은 곳에서 빛나는 자비의 사랑, 밤하늘을 수놓으며 반짝이는 별들이 주는 위안의 사랑……. 이 세계는 헤아릴 수 없을 정도로 많은 사랑으로 넘쳐흐르고 있습니다.

우주와 대자연은 온화하고 부드럽기만 한 것은 아닙니다. 로맨틱한 평온함만 가진 것도 아닙니다. 때로는 난폭하고 잔혹할 때도 있습니다. 무자비할 때도 있습니다. 그럼에도 불구하고 우리는 대자연과 우주의 섭리 속에서 살아야만 합니다.

대자연·우주의 섭리 속에 살고 있다고 느끼는 것은 무엇보다 중요합니다. 그렇다고 느끼면 고맙고 기쁘고 기분 좋은 상황이 자꾸만 늘어나기 때문입니다.

우리는 누구 한 사람 해님이 뿌려주는 사랑을 내팽개칠 수 없습니다. 하지만 사랑을 거부하는 사람, 또는 마음이 굳어 있는 사람은 설령 양지에 있더라도 해님의 따뜻함을 느끼는 자신을 의식하지 못합니다. 해님이 몸을 따뜻하게 해주는데도 진심으로 따뜻함을 느끼지 못하기 때문에 마음까지 따뜻해지지는 않습니다.

아름다운 경치나 흐드러지게 피어 있는 꽃을 보면서, 한편에서는 "어머! 정말 예쁘다!" 하고 감탄사를 연발하는 사람이 있는가 하면, 한쪽에서는 마치 아무것도 느끼지 못하는 듯 무표정한 사람도 있습니다.

왜 무표정할까요? 이유는 사랑을 거부하거나 마음이 굳어 있기 때문입니다. 어렵게 선물해주는 미소에 미소를 돌려보내지 않기 때문입니다.

어떤 사랑에도 미소를 돌려보낼 수 있는 사람은 그만큼 기분 좋음이나 기쁨, 행복을 만끽할 기회가 늘어납니다. 그렇지만 반대로 미소 짓기를 잘 하지 못하는 사람은, 풍요로운 마음이 될 수 있는 기회를 뻔히 보면서도 자꾸만 놓치게 됩니다.

당신 주위에는 많은 사람이 있고 온갖 사건이 있습니다. 그 모든 것에 마음을 열고, 사랑을 거부하지 않고 항상 미소를 다시 돌려보낸다는 일이 무리일지도 모릅니다.

그렇다면 무리할 필요 없습니다. 그러나 마음을 열어도 되겠다는, 누군가를 받아들여도 괜찮겠다고 생각되는 사랑에는 확실하게 미소를 지어보입시다. 그런 작은 시도를 잊지 않고 있는 것만으로도 당신의 마음은 더욱더 부드러워집니다. 자신도 모르는 사이에 자연스럽게 미소를 짓는 마음이 되어 있을 것입니다.

자기 자신이 되도록 힘쓰라

- 막스 에르만

세상의 소란함과 서두름 속에서

너의 평온을 잃지 말라.

침묵 속에 어떤 평화가 있는지 기억하라.

너 자신을 포기하지 않고서도

가능한 한 모든 사람과 좋은 관계를 유지하라.

네가 알고 있는 진리를 조용히

그리고 분명하게 말하라.

다른 사람의 이야기가 지루하고 무지한 것일지라도

그것을 들어주라.

그들 역시 자신들만의 이야기를 갖고 있으므로.

소란하고 공격적인 사람을 피하라.

그들은 정신에 방해가 될 뿐이니까.

만일 너 자신을 남과 비교한다면

너는 무의미하고 괴로운 인생을 살 것이다.

세상에는

너보다 낫고 너보다 못한 사람들이

언제나 있게 마련이니까.

네가 세운 계획뿐만 아니라

네가 성취한 것에 대해서도 기뻐하라.

네가 하는 일이 아무리 보잘것없는 것일지라도

그 일에 열정을 쏟으라.

변화라는 시간의 흐름 속에서

그것이 진정한 재산이므로.

세상의 속임수에 조심하되,

그것이 너를 장님으로 만들어

무엇이 덕인가를 못 보게 하지는 말라.
많은 사람들이 높은 이상을 위해 노력하고 있고
모든 곳에서 삶은 영웅주의로 가득하다.
하지만 너는 너 자신이 되도록 힘쓰라.
특히 사랑을 꾸미지 말고 사랑에 냉소적이지도 말라.
왜냐하면 모든 무미건조하고 덧없는 것들 속에서
사랑은 풀잎처럼 영원한 것이니까.
나이든 사람의 조언을 친절히 받아들이고
젊은이들의 말에 기품을 갖고 따르라.
갑작스런 불행에 자신을 지킬 수 있도록
정신의 힘을 키우라.
하지만 상상의 고통들로
너 자신을 고통스럽게 하지는 말라.
두려움은 피로와 외로움 속에서 나온다.
건강에 조심하되 무엇보다 너 자신을 괴롭히지 말라.

너는 우주의 자식이다.

그 점에선 나무와 별들과 다르지 않다.

넌 이곳에 있을 권리가 있다.

너의 일과 계획이 무엇일지라도

인생의 소란함과 혼란스러움 속에서

너의 영혼을 평화롭게 유지하라.

부끄럽고, 힘들고, 깨어진 꿈들 속에서도

아직 아름다운 세상이다.

즐겁게 살라. 행복하려고 노력하라.

큰 돌과 작은 돌

 어느 날 두 여인이 노인 앞에 가르침을 받으러 왔다. 한 여인은 젊었을 때 남편을 바꾼 일에 대해 괴로워하면서 스스로를 용서받을 수 없는 큰 죄인으로 여기고 있었다. 그러나 또 한 여인은 인생을 살아오면서 도덕적으로 큰 죄를 짓지 않았기에 어느 정도 만족하고 있었다.

 노인은 앞의 여인에게는 커다란 돌을, 뒤의 여인에게는 작은 돌들을 여러 개 가져오라고 했다. 두 여인이 돌을 가져오자, 노인은 들고 왔던 돌을 다시 제자리에 두고 오라고 했다. 큰 돌을 들고 왔던 여인은 쉽게 제자리에 갖다놓았지만 여러 개의 작은 돌을 주워온 여인은 원래의 자리를 일일이 기억해낼 수가 없었다.

노인이 말했다.

"죄라는 것도 마찬가지니라. 크고 무거운 돌은 어디에서 가져왔는지 기억할 수 있어 제자리에 갖다놓을 수 있으나, 많은 작은 돌들은 원래의 자리를 잊었으므로 도로 갖다놓을 수가 없는 것이다. 큰 돌을 가져온 너는, 한때 네가 지은 죄를 기억하고, 양심의 가책을 겸허하게 견디어왔다. 그러나 작은 돌을 가져온 너는, 네가 지은 작은 죄들을 하잘것없는 것으로 여겨 모두 잊고 살아온 것이다. 그러고는 뉘우침도 없이 죄의 나날을 보내는 것에 버릇이 들었다. 너는 다른 사람의 죄를 이것저것 말하면서 자기가 더욱 죄에 깊이 빠진 것을 모르고 있다. 인생은 바로 이런 것이다."

사랑은 사람을 행복하게 한다 01

　신이 내려준 가장 커다란 선물인 사랑은 항상 인간의 마음에서 자신의 임무를 다하고 다시 신의 영역으로 인간을 끌어간다. 그러므로 사랑이 있는 곳에 신도 함께 있으며, 인간이 신을 향해 가장 가까이 도달할 수 있는 비결도 사랑에 있는 것이다. 사랑은 신과 인간을 만나게 하는 최초의 교감이었으며 인간을 신의 영역으로 모여들게 했던 가장 커다란 교훈이었다. 우리가 사랑을 잊지 않고 사랑으로 인생을 살아갈 필요를 느끼는 것은 신과의 관계를 실질적으로 만드는 하나의 방식인 것이다. 신이 인간을 향해 내려오지 않는다고 소리치는 사람들은 사람을 사랑하는 많은 인간들에게서 신을 발견할 수 있을 것이다.

사랑은 사람을 행복하게 한다 02

진정한 사랑은 삶 그 자체이다. 사랑은 우리의 삶과 동떨어진 환상의 영역에서 이뤄지는 것이 아니다. 환상은 언제나 삶을 멀리하게 하고 이성을 마비시키며 현명한 사람들의 냉철한 정신을 흐리멍텅하게 만들어놓고 떠나가는 연기와 같다. 따라서 우리가 진정한 삶으로서 사랑을 받아들이는 것이 매우 중요한 문제이다. 삶이 고되고 힘겨울지라도 그 자체로서 사랑을 받아들이고 함께 사랑할 수 있는 사람들만이 우리는 부부가 될 자격이 있다고 생각해야 한다. 인간의 삶은 언제 어디서 어떠한 불행이 닥쳐올지 모르는 것이기 때문에, 더욱 중요한 것은 서로가 어떤 삶으로 받아들일 수 있는가 하는 자세이다.

당신의 마음이 운명을 바꾼다

성과를 빨리 실감하고 싶으면 당신이 가진 꿈 중 약간 실현하기 어려울 것 같은 꿈부터 시작해보세요. 먼 장래의 꿈보다는 시간적으로 가까운 꿈을 반복해서 머릿속에 그려보는 겁니다.

그것만 가능하다면 장담합니다. 자기도 놀랄 만큼 싱겁고 자연스럽게, 문득 정신을 차렸을 때는 이미 실현됐다고 생각될 정도로 쉽게 실현됩니다. 요령은, 어디까지나 의심하지 말고 자기 마음을 향해 항상 "할 수 있다. 괜찮다"고 주문을 걸기만 하면 됩니다.

그 다음은 쓸데없는 걱정 따위는 하지 말고 애써 견디려고 하지도 말고, 평소의 자기 모습 그대로 할 수 있는 만큼 하면서 지내는 것만을 명심하십시오. 그것으로 OK.

여기까지 설명했는데 그래도 의심하는 사람이 있다면 저는 그런 사람까지 설득하고 싶지는 않습니다. 행복해지는 것도 행복해지지 못하는 것도 모두 각자의 선택이기 때문입니다.

자기를 행복하게 하는 것은 자기 마음. 자기를 행복하게 하지 않는 것도 자기 마음. 운명을 바꾸어가는 것은 실은 자기 마음에 달렸습니다.

아시겠지요? 그럼 시험해보세요. 조금만 시험해보면 알게 됩니다. 가까운 미래에 대한 꿈이라면 정말 간단히 실현됩니다. 실현되면 다음에는 더 다른 꿈, 누군가에게 얘기하면 그런 건 무리라고 할 만한 꿈을 그려봅시다.

믿음이 있는 당신, 자신을 의심하지 않는 당신이라면 어떤 꿈이든 반드시 실현시킬 것입니다. 이론적으로는 도저히 실현될 것 같지 않은 꿈이라도 당신이 믿기만 하면 언젠가 반드시 예상하지 못한 때에 실현되는 것입니다.

미국 대통령이었던 링컨도 말했습니다. 사람은 행복해지려고 결심한 만큼 행복해진다고 말입니다.

초조함과 우울함이 사라지고 마음이 건강해지는 주문, 행운을 부르는 다섯 가지 주문을 알려드릴까요?

❶ 나는 누구를 위해서도 아닌 나 자신의 기쁨을 위해 살고 있다. ❷ 나는 나 자신에게 필요한 것에는 기쁜 마음으로 돈을 쓴다. ❸ 굴러들어온 복은 감사하게 받는다. ❹ 괜찮아, 괜찮아, 반드시 잘 될 거야. ❺ 나는 매력적이고 아름답다. 나만의 매력으로 빛나고 있다.

언제 어디서든 문득 힘들다고 느껴진다면 한번씩 되뇌어보세요. 금방 마음이 편안해질 거예요.

용기는 인간만이 가질 수 있는 영원한 자랑이자 창조물이다.
많은 사람들은 용기를 총 쏘는 일과 같이 여긴다.
그러나 진정한 용기는 여러 사람들이 보는 앞에서 할 수 있는 일을
아무도 보지 않는 곳에서 해치우는 것에 더 가깝다.

라 로슈코프

멋진 인생 여행

- 발타자르 그라시안

그대의 인생을 분별 있게 나누어 쓰라. 한숨도 쉬지 않는 인생은 주막에도 들르지 않는 긴 여행만큼 피곤하다.
다양한 지식은 삶을 즐겁게 만든다. 멋진 인생의 첫 여행은 죽은 자들과의 대화로 시작하라. 우리는 알기 위해서, 그리고 우리 자신을 알기 위해서 산다. 그럴 때 진실된 책이 우리를 사람답게 만들 것이다.
두 번째 여행은 산 사람들과 보내면서 이 세상의 좋은 것들을 보고 깨달으라. 이 세상을 만든 조물주도 자신의 재능을 나누어 썼고, 때로는 풍요로운 것에 추한 것을 곁들여놓았다.

세 번째 여행은 자기 자신과 보내라. 마지막 행복은 철학이며 사는 것이다.

그대의 마음을 믿으라, 특히 그 마음이 확실하다면. 그때는 마음에 귀 기울이는 것에 주저하지 마라. 확실한 마음은 종종 무엇이 중요한지를 예언해준다. 그것은 그대 내면에서 들리는 예언의 소리다.

많은 이들은 복된 천성을 타고나 진정 올바른 마음을 지니고 있다. 그것은 불운이 닥칠 때마다 경고의 소리를 울려 불운을 막게 한다.

재앙에 맞서는 것은 현명한 처사가 아니다. 재앙을 극복해야 할 때가 아니라면……

아버지는 누구인가? 모일간지 익명의 독자

　아버지란 기분이 좋을 때 헛기침을 하고, 겁이 날 때 너털웃음을 웃는 사람이다. 아버지란 자기가 기대한 만큼 아들딸의 학교 성적이 좋지 않을 때 겉으로는, '괜찮아, 괜찮아'라고 하지만 속으로는 몹시 화가 나는 사람이다.

　아버지의 마음은 먹칠을 한 유리로 되어 있다. 그래서 잘 깨지지만 속은 잘 보이지 않는다. 아버지란 울 장소가 없기에 슬픈 사람이다.

　아버지가 아침 식탁에서 성급하게 일어나서 나가는 장소그곳을 직장이라고 한다는 즐거운 일만 기다리고 있는 곳은 아니다. 아버지는 머리가 셋 달린 용龍과 싸우러 나간다. 그것은 피로와, 끝없는 일과, 직장 상사에게서 받는 스트레스이다.

 아버지란 '내가 아버지 노릇을 제대로 하고 있나? 내가 정말 아버지다운가?' 하는 자책을 날마다 하는 사람이다. 아버지란 자식을 결혼시킬 때 한없이 울면서도 얼굴에는 웃음을 나타내는 사람이다.

 아들딸이 밤늦게까지 돌아오지 않을 때 어머니는 열 번 걱정하는 말을 하지만, 아버지는 열 번 현관을 쳐다본다.

 아버지의 최고의 자랑은 자식들이 남의 칭찬을 받을 때이다.

 아버지가 가장 꺼림칙하게 생각하는 속담이 있다. 그것은 '가장 좋은 교훈은 손수 모범을 보이는 것이다'라는 속담이다. 아버지는 늘 자식들에게 그럴듯한 교훈을 들려주면서도, 실제 자신이 모범을 보이지 못하기 때문에, 이 점에 있어서는 미안하게도 생각하고 남 모르는 콤플렉스도 가지고 있다.

아버지는 이중적인 태도를 곧잘 취한다. 그 이유는 '아들딸들이 나를 닮아주었으면' 하고 생각하면서도, '나를 닮지 않아주었으면' 하는 생각을 동시에 하기 때문이다.

아버지에 대한 인상은 나이에 따라 달라진다. 그러나 그대가 지금 몇 살이든지, 아버지에 대한 현재의 생각이 최종적이라고 생각하지 말라. 일반적으로 나이에 따라 변하는 아버지의 인상은 이렇다.

4세 때 – 아빠는 무엇이나 할 수 있다.

7세 때 – 아빠는 아는 것이 정말 많다.

8세 때 – 아빠와 선생님 중 누가 더 높을까?

12세 때 – 아빠는 모르는 것이 많아.

14세 때 – 우리 아버지요? 세대 차이가 나요.

25세 때 – 아버지를 이해하지만, 기성세대는 갔습니다.

30세 때 – 아버지의 의견도 일리가 있지요.

40세 때 – 여보! 결정하기 전에, 아버지의 의견을 들어봅시다.

50세 때 – 아버님은 훌륭한 분이었어.

60세 때 – 아버님께서 살아 계셨다면, 꼭 조언을 들었을 텐데…….

아버지란 돌아가신 뒤에도, 두고두고 그 말씀이 생각나는 사람이며, 돌아가신 후에야 보고 싶은 사람이다.

아버지는 결코 무관심한 사람이 아니다. 아버지가 무관심한 것처럼 보이는 것은, 체면과 자존심과 미안함 같은 것이 어우러져서 그 마음을 쉽게 나타내지 못하기 때문이다.

아버지의 웃음은 어머니 웃음의 두 배쯤 농도가 진하다. 울음은 열 배쯤 될 것이다. 아들딸들은 아버지의 수입이 적은 것이나, 아버지의 지위가 높지 못한 것에 대해 불만이 있지만, 아버지는 그런 마음에 속으로만 운다.

아버지는 가정에서 어른인 체를 해야 하지만, 친한 친구나 맘이 통하는 사람을 만나면 소년이 된다. 아버지는 어머니 앞에서는 기도도 안 하지만, 혼자 차를 운전하면서는 큰소리로 기도도 하는 사람이다.

어머니의 가슴은 봄과 여름을 왔다갔다하지만, 아버지의 가슴은 가을과 겨울을 오간다.

아버지! 뒷동산의 바위 같은 이름이다. 시골 마을의 느티나무 같은 크나큰 이름이다.

우리들은 너무나도 바쁘고 일이 많으며
지나치게 시간을 빼앗기면서도 활동적이다.
한번 더 젊어지고 단순해지고 어린이로 돌아갈 줄 알아야 한다.
천진하고 행복한 시간을 누릴 줄 알아야 한다.
아무것도 하지 않고 시간을 보낼 줄 알아야 한다.
이것을 두고 태만이라 하지는 못하리라.
멍하니 생각에 잠기는 것은
한낮의 더위로 빛을 잃고 지쳐빠진 사색을
밤에 오는 비처럼 소생시킨다.

아미엘

문제를 해결하는 여덟 가지 방법

...

1. 어떤 문제든 반드시 자신의 힘으로 해결할 수 있다는 신념을 가져라.
2. 항상 편안한 마음으로 문제에 접하라. 긴장된 상태에서는 정상적인 판단이 어렵다.
3. 문제를 무리하게 해결하려 하지 말라.
4. 발생한 문제에 대한 모든 사실들을 수집하라.

문제를 해결하는 여덟 가지 방법

• • •

5. 현재 일어난 문제점들을 순차적으로 종이에 적어보라. 그러면 모든 문제점들을 올바르게 파악할 수 있고 대처 방안을 세울 수 있다.
6. 당신의 문제점에 대해 신에게 상의하라. 그러면 당신을 인도해줄 것이다.
7. 자신의 통찰력과 직관력을 믿어라.
8. 자신보다 능력 있는 사람들에게 조언을 구하라.

유머와 페이소스를
모르는 사람은 구제불능이다

'유머'와 '페이소스'는 동전의 양면과 같은 게 아닐까.

요즘 들어, 개그맨들이 꾸며내는 억지스런 웃음에 신물이 난 탓에 더욱 그런 생각이 든다. 개그맨들의 연기는 유머와는 거리가 멀다. 무리도 아니다. 그들은 페이소스를 전혀 모르고 있기 때문이다.

유머와 단순한 웃음은 천지차이다. 단순히 웃기려고만 든다면 웃기는 것은 그다지 어렵지 않다. 말장난도 그중 하나다. 웃기기만 하면 그것으로 끝인 것이다.

나는 어릴 때부터, 느끼는 대로 솔직하게 말하는 편이었다. 그런 나를 보고 친구나 주위 어른들은 잘 웃어댔다. '재미있는 녀석이군' 정도로 생각했던 모양이다.

고의로 재미있는 말을 하려고 한 건 아니었다. 더욱이 나에게 유머 감각이 있다고는 생각해본 적도 없었다. 다만 상대방의 말에 대해 즉각 반응했을 뿐인데, 그것이 저절로 웃음을 자아내어 의도적으로 웃기는 사람보다 재미있게 보였나보다. 그러한 기질 때문인지는 모르겠지만, 비즈니스맨이 되면서 나는 '유머'를 가려서 쓸 수 있게 되었다.

젊었을 때는 '인생은 합리적이어야 한다'고 생각했다. 합리적이지 못하면 수단과 방법을 가리지 않고 합리적으로 만들려고 했다. 논리적으로 납득할 수 없는 삶이 싫었던 것이다.

하지만, 인생이 합리적이지 못하다고 해서 처음부터 포기하는 것 또한 옳지 않다고 생각한다. 분석하고 또 분석해서 합리적으로 만들면 되는 것이다. 그런데, 더이상 분석할 수 없는 마지막 부분이 있다. 그것이 바로 '인생의 핵'이다. 이론적으로 설명할 수 없는 부분이 존재하는 것,

그것이 바로 인생임을 이제는 조금 알 것 같다.

이것이 '페이소스'의 감각이다. 이 감각을 나는 학창 시절부터 익히 알고 있었다. 그러나 머리로만 이해하던 것을 가슴으로 느끼게 된 것은 비즈니스맨이 되고서도 한참 후의 일이다. 그리고 그와 함께 비즈니스 세계에서의 유머도 알 수 있게 되었다.

본디 유머란 세상의 모든 사상을 보듬어 독기를 제거하는 역할을 한다. 일이든 인간관계든 '즐겁게' 만드는 것이 아니라면 유머가 아니다. 서로 적의를 품게 만드는 유머란 없으며, 유머 때문에 인간 관계가 나빠지게 되는 일도 없다. 일의 순조로운 진행을 방해하는 유머라면 차라리 없는 편이 낫다. 요컨대 좋은 효과와 영향을 가져다주는 것만이 유머인 것이다.

마음에 여유가 없다면 이러한 유머와 친숙해지기란 매우 어렵다. 그런 면에서 나는 적당히 게을렀기에 유머와 쉽게 친해질 수 있었던 듯하다.

인생에는 여러 단계의 기복이 있다. 우울할 때는 아무렇지도 않은 행동과 대화 속에서도 페이소스가 묻어나온다. 페이소스는 말과 행동의 저변에 숨어 있기 때문이다.

그 페이소스를 유머가 감싸 안고 유유히 '시간'이 흐른다. 인생이란 다 그런 것이 아닐까.

술잔을 들고 달님에게 묻는다

- 이백

달아, 푸른 하늘에 계셨던 지 얼마이던가
나는 잠시 술잔 들고 그대에게 물어본다
사람은 저 달을 잡을 수 없지만은
달은 제 스스로 사람과 어울리나니
하늘나라 궁궐에 거울을 걸어놓은 듯
푸른 안개 걷힌 뒤의 맑은 광휘로움
초저녁 바다 위로 둥그러이 솟아올라
새벽이면 남몰래 구름 속에 사라진다
봄 여름 사시사철 옥토끼는 약을 찧고
항아는 외로움에 슬픈 눈물 흘린다네

오늘 나는 옛달을 볼 수 없으련만
저 달은 옛사람을 만났으리라
옛사람, 지금사람 물처럼 흘러가니
모두 다 저 달을 한 가지로 보고 있네
술잔 잡고 노래하며 기원하는 말
밝은 그 빛 금술동이에 비추이소서.

뒤돌아보지 않는 연습

의식이 현재에 있다면 즉시 기쁨과 사랑에 충만할 수 있습니다. 지금 여기에 심각한 것은 아무 것도 없기 때문입니다. 지금 여기에는 살아 있는 기쁨과 감동밖에 없습니다. 그러나 마음은 곧바로 미래로 가버리거나 과거로 가버립니다. 따라서 기쁨과 사랑이 지속되기 어렵습니다.

이번에는 뒤돌아보지 않는 연습을 해보는 건 어떨까요?

'강이 흐른다, 구름도 흐른다.'

의식이 뒤로 되돌아가는 상태를 정확하게 관찰하여 제멋대로 되돌아가지 않도록 하세요.

이 연습은 간단하지 않습니다. 의식은 일반적으로 50%는 미래에, 50%는 과거로 가 있기 때문에, 의식의 움직임의 약 반을 제어하는 힘든 연습입니다. 그러나 기가 죽어서는 안 됩니다. 도전해보기 바랍니다.

구체적인 방법은 다음과 같습니다.

예를 들어, 엄마인 당신이 아이를 꾸짖었다고 합시다.

"누가 이렇게 어질러놓은 거야. 도대체 몇 번을 말해야 알아듣니. 아이구 지겨워."

이미 내뱉어버린 말은 어쩔 수 없지만, 위에서 제시한 방법을 연습할 때는 의식이 과거로 가 있다는 점을 인식하고 과거로 가지 않는 표현으로 바꾸어보세요.

"어, 방이 지저분하네이는 현재형입니다. 어떻게 치워야 할까이것은 미래입니다?"

그러면 아이는 "엄마, 이렇게 치우면 돼요. 보세요"라고 말하고는, 자신이 직접 치워주기까지 합니다.

과거형으로 말하기 전에 깨닫도록 하세요. 그리고 미래형으로 표현을 바꿔보세요.

한 가지 예를 더 들어보기로 하겠습니다.

'비가 오네. 어쩌지과거. 우산을 가져올걸과거'. 이 같은 생각이 들면 의식이 과거로 가버린 것을 즉시 깨닫고, '비가 오는데 우산이 없네현재. 어떻게 하지미래?'로 바꾸어 생각해보세요.

이렇게 하면 의식은 현재를 통과하여 미래로 향하고, 구체적으로 어떻게 할 것인지, 앞으로의 행동에 대하여 생각하게 됩니다.

우산을 가지고 오지 않은 것을 계속 후회하거나, 자기 자신이나 남의 탓으로 돌린다고 해결되는 것이 아닙니다.

'우산을 안 가지고 왔다'가 아니라 '우산이 없다'로 바꾸어 생각하는 것이 연습의 포인트입니다.

'우산이 (지금 여기에) 없다'라고 생각하면 의식이 현재로 되돌아옵니다. 그리고 다음으로 생각하는 것은 찻집에 잠깐 들를까, 책방에 들를까, 전화를 걸어 우산을 가져오라고 할까 등등입니다.

아무리 하찮은 과거라도 거기에서 빠져나오면 즉시 활

기찬 생동감을 느낄 수 있습니다.

그것은 당연하겠지요. 인간은 과거를 사는 것이 아니라, 현재를 살아가고 있기 때문입니다.

연습 요령은 이미 아셨으리라 생각합니다. 과거형 표현을 사용하지 않으면 됩니다. '어떻게 했기 때문에'라든지, '어떻게 하지 않아서'라든지, 또는 '왜 못했어', '왜 이렇게 되었지' 등등.

그 대신 현재의 상태를 있는 그대로 표현하세요.

이런 연습을 계속하면 마음이 점점 단순해집니다. 긍정적이 됩니다. 온 세상이 자기 뒤로 계속 흘러가고 있는 듯한 기분이 듭니다. 마치 강물 속에 서 있는 듯한 기분이 듭니다. 발밑을 흘러가는 강물은 누구도 멈출 수 없습니다. 이미 발밑을 지나간 물고기는 잡을 수 없습니다.

그러나 걱정하지 마십시오. 새로운 물과 물고기가 위에서부터 계속 당신을 향하여 흘러오고 있으니까요. 흘러오는 쪽을 보십시오!

이 연습을 시작하면 즉시 상쾌한 기분을 느낄 수 있습니다. 그것은 힘차게 물살을 가르면서 지나가는 커다란 유람선의 뱃머리에 서서, 뒤로는 흘러가는 물과 구름과 바람을 온몸으로 느끼면서 계속 앞으로 나아가는, 더할 나위 없이 상쾌하며 역동적인 느낌입니다.

지나간 일을 뒤돌아보는 것은 인생 낭비입니다.

그렇습니다. 그리고 미래에는 그리운 사람과 사랑하는 사람의 미소 띤 얼굴이 당신을 기다리고 있습니다.

어떤 사람은 자신은 늘 불행하다고 자탄한다.
이것은 자신이 행복함을 스스로 깨닫지 못하기 때문이다.
행복이란 누가 주는 것이 아니라 스스로 찾는 것이다.

도스토예프스키

현명한 처신에 필요한 아홉 가지 방법

...

1. 보는 데 편견이나 욕심을 없애도록 하라.
2. 듣는 데 편견이나 빠뜨림이 없이 들어라.
3. 얼굴 표정을 단정히 하라.
4. 몸의 자세를 단정히 하라.
5. 말은 진실되고 신의가 있도록 하라.
6. 일을 할 때는 겸손한 자세로 하라.
7. 의심나는 것은 조용히 물어서 꼭 알도록 하라.
8. 화가 났을 때는 이성으로써 억제하라.
9. 재물을 보거든 의義에 합당한 것만 취하라.

행복을 얻는 기술

• • •

행복을 얻는 기술, 행복을 누리는 데에는 규칙이 있다. 왜냐하면 지혜로운 자에게는 모든 것이 우연은 아니기 때문이다.

노력은 행복을 뒷받침한다. 태평하게 행복의 여신 문 앞으로 가 그 문이 열리기만을 기다리는 사람들도 있다. 좀더 적극적인 사람들은 대담하게 앞으로 나가고자 노력한다. 그리하여 그들이 지닌 자질과 용기의 나래를 타고 여신에게로 날아가 은총을 얻고자 한다.

그러나 잘 생각해보면 미덕과 조심성을 갖추는 것 외에 행복에 이르는 다른 길은 없다. 누구나 자신의 지혜만큼 행복하고 자신의 우둔함만큼 불행한 것이다.

다사다난을 위하여 김윤덕

 흔히들 한 해를 마감하는 시점에 올해는 유난히 힘든 해였다고 하면서 송년 인사로 '다사다난했던 한 해를 보내며……'라는 표현을 쓰곤 한다.
 다사다난多事多難을 우리말로 풀자면 '일도 많았고 탈도 많았다'는 뜻 정도가 될 것이다.
 돌아보면 정말 개개인마다 열 손가락을 꼽아도 모자랄 만큼의 많은 사연들을 갖고 있을 것이다.
 그래서들 한 해를 보내며, 내년에는 좀 편하게 지냈으면 하는 마음에서 한 해를 깨끗이 씻고 잊고 정리한다는 의미의 다사다난이라는 표현을 사용한다.

언젠가 이런 이야기를 들었다. 시아버님 병수발을 하면서 대소변을 10년 넘게 받아낸 한 장한 며느리에게 "어떻게 더러운 대소변을 십 년씩이나 받아내는 장한 일을 하셨냐"고 묻자 그녀는 이렇게 대답했다.

"똥이 뭐 더러운 건가요? 살아 있으니 똥을 누는 거지요. 죽으면 똥도 못 누잖아요?"

어쩌면 우리가 한 해를 보내며 그토록 다사다난한 것은 우리가 살아 있다는 뜻이 아닐까?

확실하게 살아 숨쉬고 있다는······.

그리고 한 걸음 더 나아가 우리가 혼자 사는 것이 아니라 더불어 살아가고 있다는 확실한 징표인지도 모른다.

외딴 섬에서 홀로 산다고 가정해보자.

아마 전혀 안 다사다난일 것이다. 해가 바뀌어도 그 해가 그 해요, 한 해가 지나가도 아무런 회한과 향수도 없으며 새해가 시작되어도 아무런 희망도 기쁨도 없을 것이다.

아무런 변화도 아무런 느낌도 없는 그런 하루하루가 다람쥐 쳇바퀴 돌듯 반복될 뿐이다.

 만남이 없으면 힘들고 수고로운 일, 피곤함도 없지만, 또한 기쁨도 웃음도 누림도 없을 것이기에…….

 한 해를 보내며 여러 가지 상념과 아쉬움에 송년회다 뭐다 하면서 자꾸 만나고 어울리는 것도, 새해를 기다리며 마음을 다잡고 경건한 마음으로 기원하는 것도 다 우리가 더불어 사는 까닭이다.

 살아 있기에 다사다난한 것이다.

 또한 살아 있기에 희망도 기쁨도 있으리라.

 그래서 어느 해부턴가 이런 생각을 했더랬다.

 고요하고 조용한 한 해를 싫어하자. 그리고 일도 많고 탈도 많은 해를 그리워하자.

 그렇게 만나고 부대끼고 함께 어울려 뒹굴면서 기쁨도 맛보고 슬픔도 맛보면서, 그렇게 뜨겁디 뜨거운 호흡으로 살아 숨쉬면서 희망도 느끼고 실패도 경험하면서…….

사랑하기에 좋은 당신을 사랑합니다

- 강우혁

당신을 사랑합니다

사귀기에 편한 당신의 나이와

부르기에 편한 당신의 이름과

다가가기에 좋은 당신의 온도와

함께하기에 좋은 당신의 숨결을 사랑합니다

당신을 사랑합니다

열 개의 기쁨보다

하나의 슬픔이 더 즐거운 사람

접으면 손바닥만큼 작고

펼치면 하늘을 다 가릴 듯 커지는 사람

당신을 사랑합니다
그 맑은 눈동자에
나의 행복이 비치고
힘들 땐 아파주고 울어주어
그대 내 몫임을 알게 해준 사람
사랑하기에 좋은 사람
당신이 곁에 있어 너무도 행복합니다

스스로 자신에게 어리광을 부려보자

우라코 이론에서는 어리광을 잘 부리는 것이 인생을 잘 사는 거라고 봅니다. 어리광을 잘 받아주는 것 또한 인생을 잘 사는 거라고 보죠.

자, 그 어리광을 잘 부리는, 또는 어리광을 잘 받아주는 요령에 대해서 말인데요, 이건 의외로 간단합니다. 먼저 스스로 자신에게 어리광을 부려볼 것, 자신에게 어리광 부리는 자신을 받아줄 것. 요령이라면 이 두 가지가 전부입니다.

예를 들어, 아침에 아직 이불 속에 있는 당신이 잠에서

덜 깬 상태에 있는 당신의 의식에게 "좋은 아침" 하고 중얼거렸을 때 당신의 의식이 "좀더 자고 싶어"라고 한다면, "그래, 좋아. 포근한 이불 속에서 조금만 더 있자" 하고 그 기분에 동의해주는 겁니다.

그런 것이 스스로 자신에게 어리광 부리는 마음, 자신에게 어리광 부리는 자신을 받아주는 마음입니다.

사람이란 누구나 그렇지 않습니까? 이렇게 해야 해, 마땅히 이렇게 하는 게 옳아, 지금 바로 행동에 옮겨야 해, 참아야 해 등, 이성적으로는 분명히 알고 있는데 몸과 마음이 그렇게 되지 않을 때가 많습니다.

그럴 때 너무 어깨에 힘을 주고 애써 "해야 해"라는 강박관념에 시달리면 마음이 상하고 맙니다. 그러다가 사람의 일인지라 결국 마음 먹은 대로 안 되거나 하면 자신을 용서할 수 없는 마음이 쌓여 항상 제대로 못하는 자기 자신을 책망만 하게 될지도 모릅니다.

그렇지만 잘 생각해보면 알 수 있습니다. 꼭 어떻게 해야 한다든지 참아야 한다든지 하는 건 그다지 큰 가치가 없는 경우가 더 많습니다.

분명 이 세상을 나름대로 잘 살아가기 위해서는 정신을 똑바로 차리고 행동해야 할 때도 있습니다. 하지만 당신이 지금까지 지내온 나날을 돌아보십시오. 정말로 중요한 시기에는 자기도 모르는 사이에 자연스럽게 정신을 차리고 해오지 않았나요?

"난 아니야. 난 지금까지 무엇 하나 제대로 한 적이 없어."

이런 생각을 갖고 있는 사람이 있다면 그 사람은 자신을 과소평가하고 있는 겁니다. 왜냐하면 그때그때 필요한 노력을 해오지 않았다면 여기까지 올 수 없었을 테니까요. 지금 그렇게 건재하다는 건 분명 순간순간을 잘 극복했다는 증거이니까요.

우리들은 행복이라는 물건을 만들 수 있는
재료와 힘을 가지고 있는데도, 그것은 돌보지 않고
만들어져 있는 행복만 찾고 있다.
그러나 행복이란 파는 물건이 아닌 이상
살 수 없다는 것을 알아야 한다.

알랭

마음에 새겨두면 좋은 글 139

엮은이 · 박은서
펴낸이 · 오광수 외 1인
펴낸곳 · 새론북스
주소 · 서울시 용산구 한강대로 76길 11-12 5층 501호
TEL · (02) 3275-1339 | **FAX** · (02) 3275-1340 | **출판등록** · 제 2016-000037호

jinsungok@empas.com

초판 1쇄 인쇄일 · 2011년 2월 25일 | **초판 7쇄 발행일** · 2023년 12월 20일

ⓒ 새론북스
ISBN 978—89—93536—27—0 (03810)

*도서출판 꿈과희망은 새론북스의 계열사입니다.
*책값은 뒤표지에 있습니다. 잘못된 책은 바꾸어 드립니다.